Paul Johnson

Schön präsentieren mit Mini-Büchern

30 Gestaltungsideen für Arbeitsergebnisse

Verlag an der Ruhr

IMPRESSUM

Titel: **Schön präsentieren mit Mini-Büchern**
30 Gestaltungsideen für Arbeitsergebnisse

Titel der Originalausgabe: Making Books
Over 30 practical book-making projects for children

Autor/Illustrator: Paul Johnson

Übersetzung: Rita Kloosterziel

Layout: Wendler Design

Fotos: Photodesign Marion Ott, www.photodesign-ott.de

Druck: Druckerei Uwe Nolte, Iserlohn

Verlag: **Verlag an der Ruhr**
Alexanderstraße 54 – 45472 Mülheim an der Ruhr
Postfach 10 22 51 – 45422 Mülheim an der Ruhr
Tel.: 02 08/439 54 50 – Fax: 02 08/439 54 39
E-Mail: info@verlagruhr.de
www.verlagruhr.de

ISBN 3-86072-887-3

Für ihre Hilfe und tatkräftige Unterstützung bedanken wir uns herzlich bei Svenja Schwarzer, Anastasia Piechowska, Nina Brandt und der Klasse 1a der GS Eibelshausen, Stephanie Fricke und der Klasse 3b der GGS Neustrelitzer Str. in Düsseldorf, Kathrin Fricke und der Klasse 4 der Bavierschule in Erkrath, Jana Bergsiek und der Klasse 3b der Hubertusgrundschule Nettetal-Schaag sowie Anna Goertz, Sarah Perez, Frauke Bracht und Lennard Kremer.

geeignet für die Klasse 1 2 3 4 5

Gedruckt auf chlorfrei gebleichtes Papier.

Die Schreibweise der Texte folgt der reformierten Rechtschreibung.

INHALT

VORWORT

Dieses Buch zeigt eine Auswahl von Arbeitsergebnissen aus sechs Jahren, in denen ich mit Kindern Mini-Bücher gestaltet habe.

Im Rahmen meiner Forschungen verglich ich die Arbeiten von Kindern auf dem Gebiet der Buchgestaltung mit anderen Schreib- und Bastelarbeiten. Es war erkennbar, dass die Kinder bei Schreibaufgaben, die mit der Herstellung eines Buches verknüpft waren, besonders motiviert waren und häufig interessantere Texte verfassten als bei anderen Schreibanlässen. Dabei lernten die Kinder, dass Texte anders strukturiert sind, wenn sie durch eingefügte Illustrationen ergänzt werden und durch Größe und Ausrichtung der Seite bestimmten Begrenzungen unterworfen sind.

Der Besitzerstolz der Kinder war beeindruckend. „Wann können wir unsere Bücher mit nach Hause nehmen?“ lautete eine immer wiederkehrende Frage. Ein Mädchen bestand besonders hartnäckig darauf, dass sie alle ihre Bücher zurückhaben wollte. So musste ich die „Klassenbücher“ auseinandernehmen, in die ihre Mini-Bücher eingebunden waren, damit ihre Beiträge herausgetrennt werden konnten. Ähnliche Bitten kamen von den Eltern. Können Sie sich solche Reaktionen auf eine Arbeit in einem normalen Schreibheft vorstellen?

Wollte man all das vorstellen, was die Kinder während dieser sechs Jahre des Büchermachens produziert haben, käme dabei ein Buch heraus, das um ein Vielfaches umfangreicher wäre als das vorliegende. Hier konzentriere ich mich auf die Herstellung einiger grundlegender Buchformen, wobei meist einfache Papier- und Schneidetechniken angewandt werden. Beim Schreiben, Illustrieren und Gestalten dieser Buchformen sind der Fantasie keine Grenzen gesetzt. Als Anregung für Sie habe ich die Aufgaben geschildert, die ich den Kindern gestellt habe, doch Sie sollten nicht vergessen, dass Sie Buchformen und Themen bunt mischen oder die Ideen für Ihre Bastelarbeiten in der Schule oder zu Hause anpassen können.

Ich hoffe, dass Sie und die Kinder es spannend finden werden, die hier beschriebenen Buchformen nachzubasteln und sie als ultimativen Anreiz nehmen, besonders gute Leistungen beim Schreiben anzustreben.

Paul Johnson

Über dieses Buch

Viele der Kinderbücher von heute sind wahre Meisterstücke der Gestaltung, mit fantasievollen Texten, Pop-ups und anderen beweglichen Bildteilen, die die kindliche Neugier wecken. Lässt sich aber angesichts solcher kunstvoll aufgemachter Vorbilder die Schere zwischen dem schließen, was die Kinder lesen und dem, was sie schreiben? Die Arbeiten in diesem Buch zeigen, dass schon sechsjährige Kinder Bilder und Papiermechanik miteinander verbinden können. Die Bücher, die dabei entstehen, sind ebenso schön wie die, an denen sie solche Freude haben.

Es geht hier in erster Linie um Präsentationsformen für Geschichten, doch es kommen auch sachbezogene Textformen vor. Außerdem gibt es ein Lyrikprojekt und verschiedene Projekte, die sich mit unterschiedlichen Schreibstilen in Broschüren, Werbeprospekten und Einladungen befassen.

Aus dieser Sammlung von Buchideen können Sie jedes beliebige Projekt herausgreifen und an Ihre Bedürfnisse anpassen. Alle Bücher eignen sich auch für die Präsentation von Arbeitsergebnissen aus anderen Fächern oder fächerübergreifenden Projekten.

Die Buchprojekte

Die Projekte erscheinen ungefähr in der Reihenfolge, in der ich sie Kindern vorgestellt habe: mit den Jüngsten am Anfang und den Ältesten am Schluss. Als Einstieg in das Bücherbasteln eignet sich jedes Projekt, egal an welcher Stelle im Buch es beschrieben wird. Allerdings ist es hilfreich für die Kinder, mit einer der einfacheren Buchformen zu beginnen, um sich dann allmählich an kompliziertere Formen heranzutasten. Auf diese Weise können sie auf ihre ersten Werke zurückblicken und klar erkennen, welche Fortschritte sie gemacht haben.

Zunächst können die jungen Autoren direkt in ihre Bücher schreiben. Nach und nach sollten die Kinder in der Lage sein, Buchseiten vorzuschreiben und zu überarbeiten und Grammatik, Zeichensetzung, Rechtschreibung und die sachliche Richtigkeit ihrer Texte zu überprüfen. Sie lernen, den Wert von in den Text eingebetteten Illustrationen und Schaubildern zu beurteilen, können sich von dem, was sie geschrieben haben, distanzieren und als kritische, unabhängige Leser darauf reagieren.

Zum Aufbau der Buchprojekt-Seiten

Um die Planung zu erleichtern, sind alle Projekte mit den folgenden Überschriften versehen:

Ab 6 Jahren

Es wird jeweils die Altersgruppe angegeben, für die das Projekt ursprünglich geplant war. Einfachere Buchformen lassen sich jedoch gut mit anderen Themen für ältere Schüler kombinieren, während jüngere Schüler sich mit der entsprechenden Unterstützung auch an komplexeren Buchformen versuchen können.

Ziel

Unter diesem Punkt werden die Buchform und das Thema des Projekts beschrieben.

Vorbereitung

Hier wird beschrieben, welche Etappen des Herstellungsprozesses von den Kindern selbst durchgeführt wurden und welche ich vorbereitet hatte. (In manchen Fällen habe ich mehr vorbereitet, nicht, weil die Kinder dazu nicht in der Lage gewesen wären, sondern um die Bastelarbeiten abzukürzen.) Dieser Abschnitt macht auch Angaben darüber, wieviel Zeit Sie ungefähr für das Projekt einplanen müssen.

Tipps zur Durchführung

Unter diesem Punkt erhalten Sie Vorschläge, wie Sie das Projekt in den Unterricht einbinden und wie die Buchformen eingesetzt werden können.

So geht es

Hier wird Schritt für Schritt erklärt, wie die einzelnen Buchformen hergestellt werden.

Weitere Ideen

Hier finden Sie Vorschläge, wie sich ein Projekt erweitern, vereinfachen oder abwandeln lässt.

Tipps zur Gestaltung

Bei einigen Projekten werden weitere einfache Tipps und Ideen zu Papiermechanik und Gestaltung beschrieben, mit deren Hilfe die Kinder noch bessere Bücher basteln können.

MINI-BUCH-GRUNDFORMEN

Wenn die Kinder mit dem Bücherbasteln beginnen, führen Sie sie Schritt für Schritt durch die Anleitung und beschreiben Sie dabei die einzelnen Faltvorgänge.
Üben Sie mit Papier von Prospekten oder Reklamezetteln oder mit Kopierpapier.

Halten Sie ein Blatt Papier im Querformat gegen die Wand und lassen Sie die Kinder Ihre Bewegungen mit ihrem Papier nachmachen. Erläutern Sie beim Falten, was Sie tun, zum Beispiel:

- ▶ Den linken Seitenrand auf den rechten Seitenrand legen. Dabei darauf achten, dass die Ecken aufeinander liegen.
- ▶ Die Seitenränder mit der rechten Hand zusammendrücken.
- ▶ Nun die linke Hand neben die rechte legen, damit über das Papier bis zur Mitte des Falzes streichen.
- ▶ Den Falz an dieser Stelle glätten, dann den Falz erst bis zum oberen Rand, dann bis zum unteren Rand glattstreichen. Das Blatt sollte nun genau auf die Hälfte gefaltet sein. (Für Linkshänder sollten Sie die Erklärungen anpassen.)

Faltanleitung für ein Leporello-Buch

1 Das Blatt im Querformat auf den Tisch legen, den linken Seitenrand auf den rechten falten und wieder auffalten.

2 Den rechten und den linken Seitenrand zur Mitte umfalten und wieder auffalten.

3 Das Blatt ist nun in vier senkrechte Felder unterteilt.

4 Den oberen Blattrand auf den unteren falten.

5 Den linken Falz nach oben falten, den mittleren nach unten, den rechten Falz wieder nach oben, so dass eine Zickzacklinie entsteht.

Faltanleitung für ein Origami-Buch

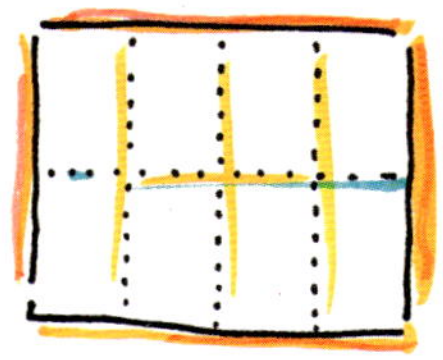

1 Der Anleitung für das Leporello-Buch bis Schritt 4 folgen. Das Blatt auffalten, so dass acht senkrechte Felder zu sehen sind.

2 Den linken Seitenrand auf den rechten falten. Die Falte in der Mitte vom Rand bis zur nächsten senkrechten Falte einschneiden.

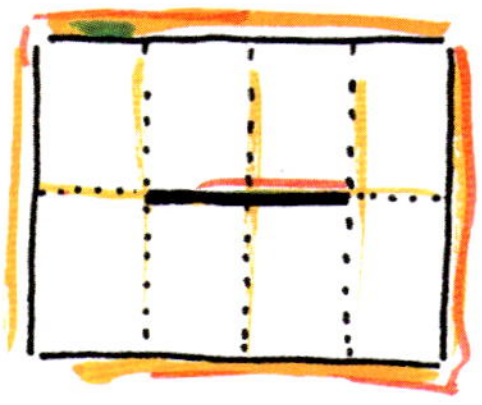

3 Das Blatt auffalten. In der Mitte ist ein waagerechter Schlitz zu sehen.

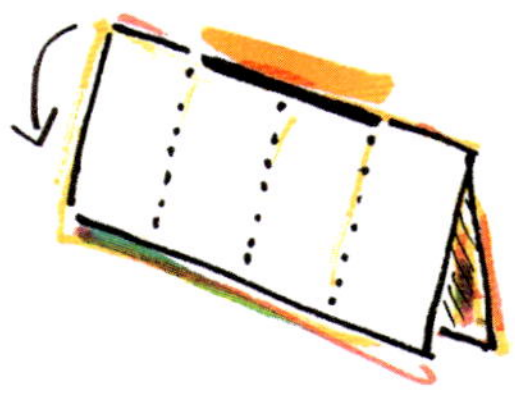

4 Den oberen Seitenrand auf den unteren falten.

5 Den linken und den rechten Seitenrand gegeneinander schieben, so dass sich in der Mitte ein Rhombus öffnet.

6 Die Seitenränder weiter zur Mitte schieben, bis die Oberkanten ein Kreuz bilden.

7 Zwei angrenzende Seiten fassen und so um die anderen Seiten falten, dass diese innen liegen. Den Buchrücken und die Kanten der Buchseiten sorgfältig glattstreichen.

BUCHPROJEKTE PLANEN

Vor dem Schreiben

Die „Aufwärmphase“ vor dem Schreiben ist sehr wichtig. In dieser Zeit werden Ideen für die Gestaltung von Charakteren gesammelt, Handlungsverläufe besprochen und mögliche Auflösungen überlegt. In manchen Fällen, wie bei einem Fachaufsatz, kann es sinnvoll sein, einige Tage oder Wochen vor dem eigentlichen Projekt eine solche Vorbereitungsphase einzuschieben, damit sich Ideen und Vorstellungen entwickeln können. Die Möglichkeit vorab zu planen macht es den Kindern zu Beginn des Projektes leichter, ihr Buch zu entwerfen.

Storyboards und Seitenentwürfe

Bei kurzen, einfachen Büchern ist es oft sinnvoll, für die Planung ein visuelles Drehbuch oder Storyboard anzufertigen (siehe Seite 13). Bei komplexeren Büchern empfiehlt sich ein Seitenentwurf, auf dem Überschriften und Illustrationen für jede Seite aufgelistet sind (siehe Seite 55).

Entwürfe

Lassen Sie die Kinder auf einem Stück Schmierpapier vorschreiben, was sie schließlich auf die fertige Seite schreiben möchten. Geben Sie den Kindern eine Schablone aus festem Papier oder lassen Sie sie selbst zuschneiden. Die Schablone sollte ungefähr einen Zentimeter kleiner sein als die Buchseite. Die Kinder zeichnen ihren Umriss in der Mitte des Schmierpapiers und später auf der Buchseite nach. Auf diese Weise ist der Entwurf auf dieselbe Fläche beschränkt wie die endgültige Fassung im Buch.

Arbeitsabläufe

Für jedes Projekt gibt es unterschiedliche Vorgehensweisen, Sie sollten jedoch versuchen, alle Kinder in derselben Reihenfolge arbeiten zu lassen. Ein Mädchen in meiner vierten Klasse bestand darauf, ohne vorzuschreiben gleich in ihr Buch zu schreiben. Es war nicht verwunderlich, dass ihre Bücher voller Grammatik- und Rechtschreibfehler waren, doch was sie schrieb, war so schlüssig und originell, dass es die Leistungen ihrer Klassenkameraden bei weitem übertraf. Ich halte es für das Beste, dass Sie sich für eines der folgenden Verfahren entscheiden:

- Die Kinder entwerfen den vollständigen Text, schreiben ihn ins Buch und fügen die Illustrationen hinzu.
- Die Kinder beschreiben und illustrieren jeweils eine Seite oder Doppelseite.
- Die Kinder fertigen zunächst die Illustrationen für das ganze Buch an und verwenden sie dann als Orientierung und Anregung für ihren Text.

Materialien besorgen

Für die in diesem Buch beschriebenen Mini-Bücher werden neben den üblichen Schreib- und Malutensilien der Kinder nur wenige zusätzliche Materialien benötigt:

Papier

Papiere im „A“-Format gehören zum Standardangebot in den Katalogen der Lieferanten für Schulmaterialien. Die Papierformate, die sich für die Herstellung von Büchern eignen, reichen von A1 (594 x 840 mm) bis A4 (297 x 210 mm). A3 (420 x 297 mm) ist die ideale Größe für Leporello- und Origami-Bücher.

Fertigen Sie Probeexemplare der Buchformen aus Zeitungs-, Pack- oder A4-Kopierpapier an. Für die endgültige Arbeit empfiehlt sich 120g/qm schweres Zeichenpapier.

Klebstoff

PVA-Kleber ist für die meisten Buchprojekte geeignet. Für kleinere Kinder ist es meist einfacher, einen Klebestift zu benutzen.

Bücher vervielfältigen

Die Grundformen der Bücher (siehe Seite 8) lassen sich flach ausbreiten, auf einen Kopierer legen und auf DIN-A4-Format verkleinern. Auf diese Weise können Sie eine begrenzte Auflage der Bücher herstellen.

BEWERTUNG

Die folgenden Kriterien sollen Ihnen helfen, die Leistungen der Kinder zu bewerten.

Sechs- bis Achtjährige

Lesen und Schreiben

Wie gut können die Kinder
- verstehen, was ein Buch ist?
- verstehen, wie Seiten miteinander verbunden sind?
- Wörter und Bilder verbinden?
- eigene Geschichten erfinden oder bekannte Geschichten schriftlich nacherzählen?

Illustrationen, Gestaltung und Technik

Wie gut können die Kinder
- zeichnen, was sie beobachten?
- mit verschiedenen Zeichenmaterialien umgehen?
- Papier auf die Hälfte falten?
- mit einer Schere umgehen?

Sozialverhalten

Wie gut können die Kinder
- Gleichaltrigen ihre Bücher zeigen?
- Entwicklungen im Handlungsverlauf einer Geschichte mit einem Partner besprechen?
- ihre Bücher vor der Klasse vorlesen?

Neun- bis Elfjährige

Lesen und Schreiben

Wie gut können die Kinder
- den Inhalt eines Buches planen?
- Texte entwerfen und überarbeiten?
- einen Text für ein bestimmtes Publikum schreiben?

Illustrationen, Gestaltung und Technik

Wie gut können die Kinder
- eine Doppelseite auf unterschiedliche Weise gestalten?
- Bilder anordnen?
- Illustrationen und Texte aufeinander abstimmen?
- Bücher falten, schneiden und zusammenfügen?
- Buchseiten gestalterisch einteilen?

Sozialverhalten

Wie gut können die Kinder
- mit einem Partner oder einer Gruppe zusammenarbeiten?
- Kritik üben und Ratschläge geben?
- Kritik und Ratschläge annehmen?

Auswertung der Buchprojekte

▶ Was fiel den Kindern im Allgemeinen am schwersten?
▶ Bei welchem Teil des Herstellungsprozesses schienen die Kinder am meisten engagiert zu sein?
▶ Wie viele Kinder hielten einen vorgegebenen Zeitrahmen ein? Wenn es weniger als 50 Prozent waren: Wie ließe sich diese Quote verbessern?

Persönliche Aufzeichnungen

Die Kinder können selbst einen Katalog von Vorlieben und Abneigungen, Stärken und Schwächen zusammenstellen, der für sie den Werdegang ihrer Bücher nachzeichnet. Zu jedem Buch könnten sie zum Beispiel folgende Fragen beantworten:
▶ Was ist mir bei dem Buch am schwersten/leichtesten gefallen?
▶ Was hat mir am meisten/wenigsten gefallen?
▶ Was will ich bei meinem nächsten Buch besser machen?
Für Sie sind die Antworten auf diese Fragen ein nützlicher Spiegel, in dem sich ablesen lässt, wie die Kinder ihre eigenen Fähigkeiten einschätzen und mit welchen Methoden sich ihre Leistungen steigern lassen.

Buchillustrationen malen

▶ Um eine Körperhaltung möglichst realistisch wiederzugeben, können die Kinder einen Partner in der Haltung malen, die sie in ihrem Bild zeigen wollen. Dann tauschen die Kinder die Rollen und der Künstler wird zum Modell für seinen Partner.

Lennard (10 Jahre) zeichnete dieses Bild von seinem Partner.

Fertigen Sie Figuren aus Karton an. Verbinden Sie die Körperteile mit Briefklammern, so dass die Kinder sie so zurechtlegen können, wie sie sie für Bilder von Menschen brauchen.

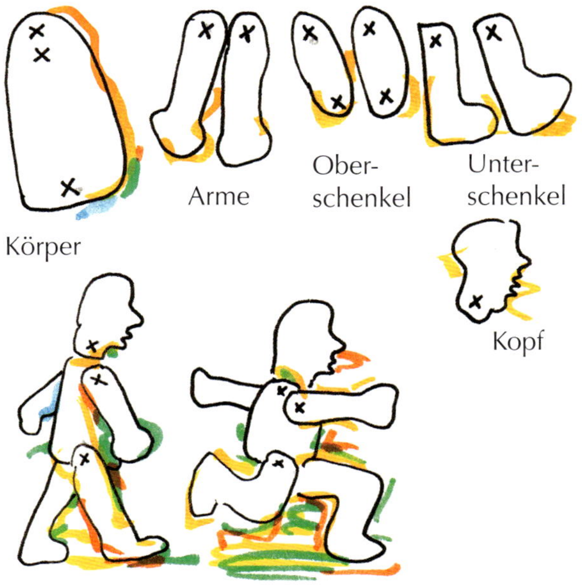

▶ Ein Gegenstand in einem Bild kann vor einem „warmen" oder „kühlen" Hintergrund hervortreten oder zurückweichen. Geben Sie den Kindern die Möglichkeit, dies selbst herauszufinden, indem Sie sie bei den Illustrationen auf ein oder zwei Farben beschränken.

▶ Ein Skizzenbuch ist sehr wertvoll, sei es für spontane Skizzen oder für genaue Studien. Sie können gezielt für bestimmte Buchillustrationen angefertigt oder wie in einem Sammelalbum für spätere Gelegenheiten zusammengetragen werden.

Buchdeckel entwerfen

▶ Die Kinder können den Buchdeckel in drei Teile gliedern: Titel, Name des Autors und Illustration.

▶ Sprechen Sie mit den Kindern über Möglichkeiten, den Buchdeckel besonders spannend zu machen, zum Beispiel die dramatischste Szene der Geschichte darauf abzubilden.

▶ Zeigen Sie den Kindern anhand von Bilderbüchern aus der Klassenbibliothek, welche verschiedenen Schrifttypen es gibt, zum Beispiel Kursiv-, „Bubble"- und Serifeschrift.

▶ Regen Sie die Kinder an, auch den rückwärtigen Buchdeckel zu gestalten. Sie könnten einen Werbetext nach Art des Klappentextes schreiben, eine Zusammenfassung, das Logo eines Verlages, Angaben zum Preis und einen Strichcode.

Sicherheitsmaßnahmen

Mit einer Schere umgehen

▶ Damit eine Schere nicht zum Sicherheitsrisiko wird, sollten Sie darauf achten, dass sie nie von Papieren verdeckt wird. Wenn die Schere nicht gebraucht wird, sollte sie mit geschlossenen Schneiden auf dem Tisch liegen, am besten in einem Scherenköcher.

▶ Die Kinder sollten die Schnittlinien mit Bleistiftstrichen markieren, damit sie das Papier dort festhalten können, wo nicht geschnitten wird.

Mit einem Cuttermesser umgehen

▶ Wenn Sie ein Cuttermesser mit verschiebbarer Klinge benutzen, sollte sie höchstens um 3 cm vorgeschoben werden.

▶ Schneiden Sie auf einer Bastelmatte oder auf dicker Graupappe und benutzen Sie ein Schneidelineal mit Alukante.

▶ Achten Sie darauf, dass die Hand, die das Papier hält, immer hinter dem Messer liegt.

▶ Halten Sie das Messer beim Schneiden waagerecht und achten Sie darauf, mit der Schneide nicht zu stark aufzudrücken.

1. Leporello-Bilderbuch

6–7 Jahre

Ziel: Ein Leporello-Bilderbuch mit vier Seiten gestalten.

Vorbereitung: Ich habe für jedes Kind eine Vorlage mit einem Bilderrahmen auf jeder Seite kopiert.

Etwa drei Stunden.

Tipps zur Durchführung

▶ Erfinden Sie mit den Kindern gemeinsam eine Geschichte rund um eine fiktive Hauptfigur. Ermuntern Sie die Kinder, sich mit Fragen und Vorschlägen zu beteiligen. Konzentrieren Sie sich auf Wörter, die beschreiben, was die Figur in der Geschichte tut: sich verstecken, hüpfen, spielen, laufen, gehen und so weiter.

▶ Gehen Sie die Geschichte noch einmal Szene für Szene durch. Lassen Sie die Kinder in jeden Rahmen eine Szene malen. Über oder unter die Bilder können sie Bildunterschriften schreiben.

▶ Falls nötig, lassen sich zusätzliche Seiten anfügen, um die Geschichte auszuweiten.

Tipp zur Gestaltung
Mit einem Schmuckrand sind die Bilderrahmen noch interessanter.

So geht es:

1 Falten Sie ein DIN-A4-Blatt der Breite nach auf die Hälfte. Zeichnen Sie auf einer Seite des Blattes in die Mitte jeder Hälfte einen schwarz umrandeten Kasten. Dies ist Ihre Kopiervorlage.

2 Vervielfältigen Sie die Kopiervorlage für jedes Kind zwei Mal. Für das Leporello-Buch legen Sie die Schmalseiten der Blätter gegeneinander und kleben sie mit Klebeband zusammen.

3 Als Buchdeckel eignet sich ein gefaltetes Stück festes Papier. Um die Buchseite daran zu befestigen, kleben Sie den Rand der ersten Seite mit durchsichtigem Klebeband in den Mittelfalz des Buchdeckels.

2. Falt-Bilderbuch

Ziel: Ein vierseitiges Bilderbuch falten.

Vorbereitung: Ich habe die Rahmen auf ein Blatt gezeichnet, das Blatt kopiert und die Kopien so gefaltet, dass jedes Kind ein Buch bekam.

Zwei Stunden.

Tipps zur Durchführung

- Als Vorbereitung können Sie gemeinsam mit den Kindern eine Geschichte in einem Bilderbuch lesen. Verdecken Sie den Text und bitten die Kinder, in einfachen Sätzen zu beschreiben, was auf den einzelnen Bildern geschieht. Schreiben Sie die Sätze auf Papierstreifen, die Sie unter die Bilder legen. Vergleichen Sie sie mit dem Originaltext.

- Zeigen Sie den Kindern als Anregung für ihre eigenen Bücher ein paar Spielsachen. Die Kinder könnten in jeden der vier Bilderrahmen eine andere Puppe oder ein anderes Spielzeug malen und das entsprechende Wort unter das Bild schreiben. Oder die Kinder denken sich eine Geschichte zu einer der Figuren aus. Wenn die Kinder noch nicht so gut schreiben können, lassen Sie sich von ihnen die Geschichten erzählen und schreiben Sie sie unter die Bilder.

So geht es:

1 Falten Sie ein DIN-A4-Blatt so, dass vier gleich große Rechtecke entstehen. Zeichnen Sie in jede Fläche einen Rahmen. Legen Sie das Blatt im Querformat auf den Tisch und schneiden Sie den linken waagerechten Falz bis zur Mitte ein.

2 Dann drehen Sie das Blatt um und zeichnen zwei Rahmen auf die eingeschnittene Blatthälfte.

3 Falten Sie das Blatt der Länge nach auf die Hälfte, so dass vier Rahmen zu sehen sind.

4 Falten Sie die losen Felder um die anderen Buchseiten, so dass ein vierseitiges Buch entsteht.

Weitere Ideen

Storyboard

Die Kinder könnten ihre Bücher mit Hilfe eines Storyboards planen. Demonstrieren Sie, wie das geht: Zeichnen Sie sechs Rahmen auf A4-Papier und schreiben Sie unter jeden Rahmen einen Satz. Kopieren Sie das Blatt und lassen Sie die Kinder zu jedem Satz ein passendes Bild in die Rahmen malen. Dann können die Kinder ein Storyboard für ihre eigenen Bücher malen.

Ausschneidebuch

Kinder, die zusätzliche Hilfe brauchen, könnten Bilder aus einem Comic ausschneiden und anordnen. Sie können unter jedes Bild einen Satz schreiben und dabei vielleicht auf Wörter aus dem Originaltext zurückgreifen.

3. POP-UP-KÄSTEN-BUCH

6–7 Jahre

Ziel: Ein Geschichtenbuch mit einfachen Pop-up-Elementen gestalten.

Vorbereitung: Ich habe für jedes Kind ein leeres Buch mit Pop-up-Kästen vorbereitet.

Eine Stunde für jede Doppelseite.

Tipps zur Durchführung

▶ Als Vorbereitung können Sie den Kindern ein Buch mit einfachen Pop-up-Elementen zeigen. Überlegen Sie mit ihnen gemeinsam, welche Teile der Geschichte auf den einzelnen Seiten hervorspringen. Ist das Pop-up-Element das vorrangige Thema der Seite? Ist es etwas Überraschendes, das in der Geschichte auftaucht oder geschieht?

▶ Sprechen Sie darüber, was die Würfel in ihren eigenen Pop-up-Büchern darstellen könnten. Die Kinder werden vielleicht Fernsehgeräte, Geschäfte oder Geschenkkartons nennen. Haben sie noch weitere Ideen?

▶ Spinnen Sie mit der ganzen Klasse eine Geschichte um die Pop-up-Ideen. Die Kinder können ihre eigene Version der Geschichte malen und schreiben oder sich eine neue ausdenken.

So geht es:

1 Falten Sie aus einem A3-Blatt ein Origami-Buch bis Schritt 3 (siehe Seite 8).

2 Falten Sie den rechten und den linken Rand zur Mitte um. Schneiden Sie in drei der Felder wie abgebildet jeweils zwei parallele Linien ein.

3 Falten Sie die Flächen zwischen den Schnitten wie Klappen nach oben.

4 Falten Sie die Klappen zurück und falten Sie das Blatt auseinander.

POP-UP-KÄSTEN-BUCH

5 Falten Sie das Blatt zu einem Origami-Buch. Achten Sie darauf, dass sich alle Pop-up-Elemente auf den innen liegenden Seiten befinden.

6 Öffnen Sie nacheinander alle Doppelseiten, ziehen Sie die Pop-up-Kästen nach vorn und schließen Sie das Buch vorsichtig.

Weitere Ideen

Andere Pop-up-Formen

Für ein Zauberkästchen oder ein Märchenschloss schneiden Sie an Stelle der beiden Parallelschnitte einen Winkel als Oberkante des Pop-up-Kastens ein. Eine Zickzacklinie könnte Burgzinnen oder Verzierungen auf einer Torte darstellen.

Ein Buch mit Kinderreimen

Suchen Sie bekannte Kinderreime oder -lieder wie zum Beispiel „Hänsel und Gretel" oder „Wer will fleißige Handwerker sehn?" aus. Die Kinder überlegen, welche Bewegungen die Personen und die Dinge darin machen. Was ließe sich davon als Pop-up darstellen?

Eine Tür einschneiden

Schneiden Sie mit einem Cuttermesser Türöffnungen in Pop-up-Kästen, die Häuser, Geschäfte oder Burgen darstellen sollen.

Tipps zur Gestaltung

- Die Pop-ups dürfen nicht zu groß sein, sonst bleibt nicht genug Platz für die Texte.
- Ein kurzer Text sieht unten auf der Seite besser aus als oben.
- Erklären Sie den Kindern, dass sie die Pop-up-Elemente flachdrücken müssen, bevor sie sie bemalen.

4. Weitere Pop-up-Formen

6–7 Jahre

Ziel: Ein Geschichtenbuch mit verschiedenen Pop-up-Elementen gestalten.

Vorbereitung: Ich habe für jedes Kind ein leeres Buch mit verschiedenen Pop-up-Elementen vorbereitet.

Eine Stunde für jede der drei Doppelseiten.

Tipps zur Durchführung

- Experimentieren Sie mit der Grundform der Pop-up-Technik (siehe „Pop-up-Kästen-Buch", Seite 14/15) und finden Sie heraus, welche neuen Formen dabei entstehen können. Einige Kinder sind vielleicht selbst in der Lage, Schneideexperimente mit gefaltetem Schmierpapier zu unternehmen und dabei unterschiedliche Pop-up-Formen zu finden.

- Zeigen Sie den Kindern unterschiedlich geformte Pop-up-Elemente und überlegen Sie gemeinsam, was diese Formen darstellen könnten. Stellen Sie mit den Kindern eine Liste von Ideen zusammen, wie sich die Formen einsetzen lassen. So könnte die Schmetterlingsform auch eine Krawattenschleife darstellen oder etwas, das gerade explodiert. Ein Sechseck könnte ein Juwel oder der Bug eines Schiffes sein.

- Mit dieser Liste als Anregung erfinden die Kinder eine Geschichte rund um die Pop-up-Elemente und schreiben und malen sie dann in ihre Bücher.

Tipp zur Gestaltung

Denken Sie daran, dass Pop-up-Elemente durch waagerechte oder diagonale Schnitte in einen Falz entstehen. Wenn Sie merken, dass Sie senkrecht schneiden, ist Vorsicht geboten. Es kann sein, dass Sie das Pop-up Element ganz aus dem Papier herausschneiden.

So geht es:

1 Falten Sie aus einem A3-Blatt ein Origami-Buch bis Schritt 3 (siehe Seite 8).

2 Falten Sie den rechten und den linken Rand zur Mitte um. Schneiden und falten Sie unterschiedliche Formen in drei der Felder (siehe Abbildung). Die Pop-up-Elemente können weiter oben oder unten auf der Seite angebracht werden, um mehr Platz für den Text zu lassen.

3 Falten Sie das Blatt auseinander und machen Sie ein Origami-Buch daraus.

WEITERE POP-UP-FORMEN

4 Formen, die sich zur Mitte hin verjüngen, können zum Beispiel einen Schmetterling darstellen.

5 Parallele Schnitte ergeben einen Kasten (siehe Pop-up-Kästen-Buch, Seite14/15). Formen, die sich nach außen hin verjüngen, ergeben ein Sechseck.

Weitere Ideen

Pop-ups mit Pop-ins

Machen Sie kleinere Einschnitte in die Pop-up-Elemente, die sich dann in die entgegengesetzte Richtung öffnen.

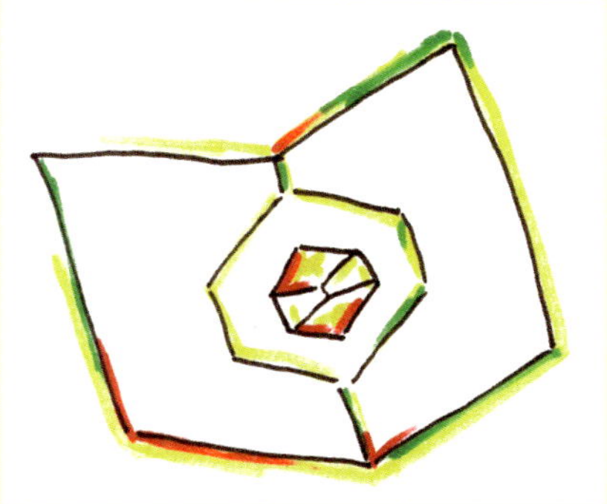

Probieren Sie aus, wie viele dieser Pop-ins sich in einem Pop-up-Element unterbringen lassen.

5. POP-UP-GESICHTER-BUCH

6–7 Jahre

Ziel: Drei Figuren erfinden und sie in einem Pop-up-Buch mit Gesichtern präsentieren.

Vorbereitung: Ich habe für jedes Kind ein Buch mit Pop-up-Gesichtern vorbereitet, doch die Kinder sollten auch in der Lage sein, sie selbst zu basteln.

Eine Stunde für jede der drei Doppelseiten.

Tipps zur Durchführung

- Sehen Sie sich mit den Kindern Bilderbücher an. Was können sie anhand der Illustrationen über die Figuren sagen? Was sagt ihnen der Text über die Figuren? Ermuntern Sie die Kinder, Adjektive zur Beschreibung der Figuren zu benutzen.

- Lassen Sie die Kinder die erste Doppelseite in ihrem Buch aufschlagen und ein Gesicht auf und um die Nase malen. Sprechen Sie mit den Kindern über Details wie z. B. Ohrringe, Hüte und Brillen.

- Die Kinder können rechts und links vom Gesicht eine Charakterisierung der Figur schreiben, bevor sie mit der nächsten Doppelseite beginnen. Ist es heute ein besonderer Tag für die Figur? Eine Geburtstagsüberraschung vielleicht? Oder ein Besuch bei einem guten Freund?

So geht es:

1 Falten Sie aus einem A3-Blatt ein Origami-Buch bis Schritt 3 (siehe Seite 8).

2 Falten Sie den rechten und den linken Rand zur Mitte um. Schneiden Sie in drei der Felder jeweils einen 2 cm langen Schlitz in die Mitte des Seitenfalzes.

3 In den unteren Feldern falten Sie eine dreieckige Klappe vom Schlitz aus nach oben. Bei dem oberen Feld falten Sie sie vom Schlitz aus nach unten.

4 Falten Sie die Klappen zurück und öffnen Sie das Papier.

5 Falten Sie das Blatt zu einem Origami-Buch (siehe Seite 8). Achten Sie darauf, dass die eingeschnittenen Seiten innen liegen.

6 Öffnen Sie nacheinander die Seiten und ziehen Sie die Pop-up-Nasen nach vorn.

POP-UP-GESICHTER-BUCH

Weitere Ideen

Ein Album mit Familienporträts

Auf der ersten Doppelseite malen die Kinder ein Familienmitglied aus ihrer eigenen Generation (Schwester, Bruder, Cousine, Cousin), auf der zweiten malen sie jemanden aus der Generation ihrer Eltern (Mutter, Vater, Tante, Onkel) und auf der dritten jemanden aus der Generation ihrer Großeltern (Großmutter oder Großvater).

Ein Buch mit berühmten Leuten

Die Kinder malen drei ihrer Lieblingsstars, zum Beispiel Fußballspieler, Sänger oder Schauspieler. Was finden sie über diese Personen heraus?

So faltet man einen Pop-up-Mund:

1 Folgen Sie der Arbeitsanleitung für das Gesichter-Buch bis zu Schritt 4, dann machen Sie, wie in der Abbildung gezeigt, drei weitere, kürzere Schnitte. Aus ihnen werden die Münder gefaltet.

2 Falten Sie von jedem Mundschlitz aus jeweils ein schmales Dreieck nach oben und nach unten. Falten Sie das Blatt auseinander und machen Sie daraus ein Origami-Buch.

3 Öffnen Sie nacheinander die Buchseiten und ziehen Sie die Pop-up-Nasen und -Münder nach vorn.

Tipps zur Gestaltung

- Für eine größere Nase machen Sie einen längeren Schnitt.
- Für eine längere Nase falten Sie ein längeres Dreieck.

6. SCHMETTERLINGSKARTE

6–7 Jahre

Ziel: Eine Karte mit einem Pop-up-Schmetterling mit beweglichen Flügeln basteln.

Vorbereitung: Ich habe für jedes Kind die Schmetterlingsflügel und die Basis zugeschnitten, gefaltet und geklebt.

Eine Stunde

Tipps zur Durchführung

▶ Dieses Projekt eignet sich als Vorbereitung für das Schmetterlingsbuch (Seite 21).

▶ Zeigen Sie den Kindern Bilder von Schmetterlingen und sprechen Sie über die Farbenvielfalt und die Muster auf den Flügeln. Weisen Sie die Kinder auf die verschiedenen Körperteile eines Schmetterlings hin, auf die Anzahl der Beine, Fühler und Flügel und auf die Stellen, an denen die Flügel angewachsen sind.

▶ Lassen Sie die Kinder die Flügel bemalen. Wenn sie damit fertig sind, zeigen Sie ihnen, wie sie die Flügel auf die Basis kleben sollen.

▶ Die Kinder können dem Schmetterling auch einen Namen geben und einen Bildtitel auf die Karte schreiben.

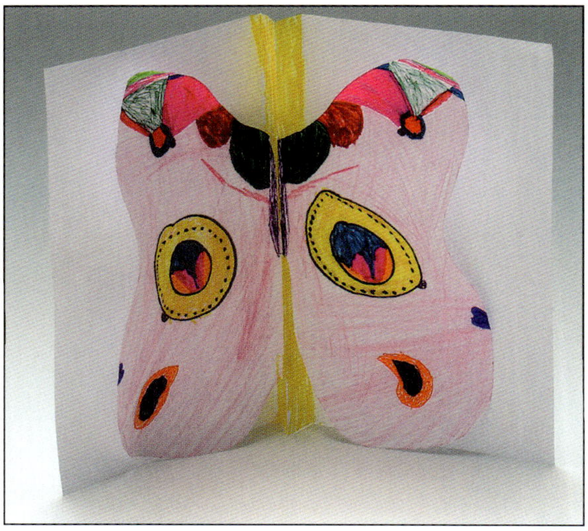

So geht es:

1 Falten Sie ein DIN-A4-Blatt der Breite nach auf die Hälfte.

2 Falten Sie den Falz zu einem 2 cm breiten Rand.

3 Öffnen Sie das Blatt und schieben Sie den mittleren Falz nach oben, so dass in der Blattmitte ein umgekehrtes ‚v' entsteht.

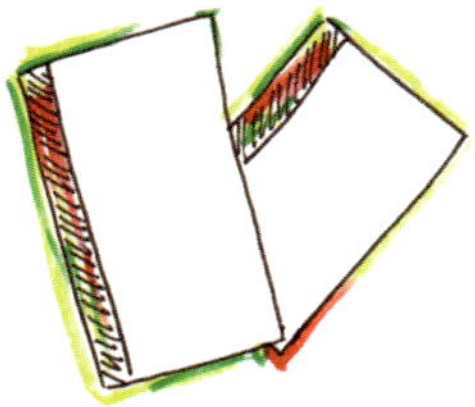

4 Halbieren Sie ein anderes A4-Blatt der Breite nach. Schneiden Sie jeweils an einer Längsseite der beiden Blatthälften einen 2 cm breiten Rand ab.

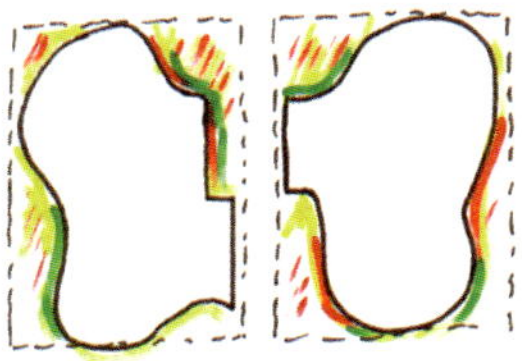

5 Auf diese Blätter zeichnen Sie die abgebildeten Umrisse und schneiden sie aus. Das werden die Flügel mit Klebelaschen.

6 Kleben Sie die Klebelasche des linken Flügels auf die rechte Seite des ‚V'-Falzes in der Karte.

7 Kleben Sie den anderen Flügel so auf die andere Seite des ‚V'-Falzes, dass die beiden Flügel ineinander greifen.

8 Um den Schmetterling fliegen zu lassen, bewegen Sie die Ränder der fertigen Karte.

6–7 Jahre

7. Schmetterlingsbuch

Ziel: Ein Origami-Buch in der Form eines Schmetterlings herstellen.

Vorbereitung: Ich habe für jedes Kind ein Schmetterlingsbuch ausgeschnitten und gefaltet.

Drei Stunden.

Tipps zur Durchführung

- Sammeln Sie mit den Kindern Ideen für eine Schmetterlingsgeschichte. Bevor sich die Kinder an die erste Doppelseite ihres Buches begeben, sollten sie überlegen, was der Schmetterling zu Beginn der Geschichte tut. Auf der zweiten Doppelseite beschreiben sie, was der Schmetterling als Nächstes tut. Für die letzte Doppelseite denken sie sich ein überraschendes Ende der Geschichte aus. Sammeln Sie Ideen für mehrere Schlussszenen. Die Kinder können sich dann die Idee für ihr Buch aussuchen, die ihnen am besten gefällt.

- Alternativ könnten die Kinder ein Sachbuch über Schmetterlinge gestalten. Sie könnten es mit Informationen füllen, die sie aus Lexika und Tierbüchern zusammengetragen haben.

So geht es:

1 Falten Sie aus einem A4-Blatt ein Origami-Buch bis Schritt 2 (siehe Seite 8). Schneiden Sie aber wie in der Abbildung statt eines Schlitzes ein Dreieck ein. Vom Rand zum ersten Falz hin verbreitert sich das Dreieck.

2 Falten Sie das Blatt auf. Dann falten Sie es der Länge nach auf die Hälfte. Falten Sie die oberen Ränder des rechten und des linken Feldes so nach unten, dass jeweils ein Dreieck entsteht.

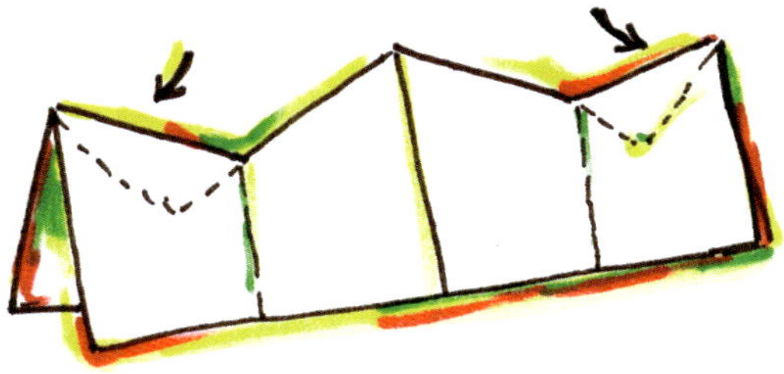

3 Schieben Sie die Dreiecke an dem waagerechten Falz nach innen.

4 Falten Sie das Blatt zu einem Origami-Buch. Das fertige Buch sollte aussehen wie ein Schmetterling.

So wird das Buch noch lebendiger:

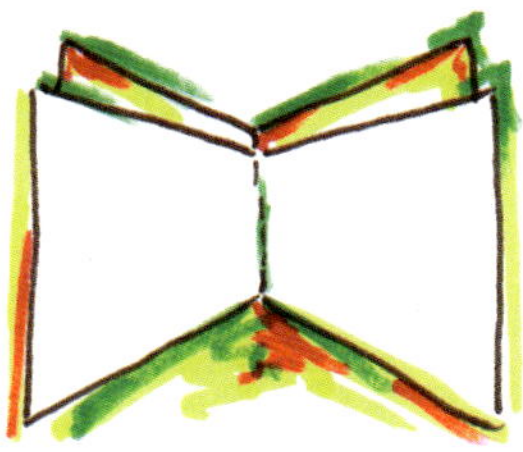

Wenn das Buch noch mehr wie ein Schmetterling aussehen soll, öffnen Sie es in der Mitte und schneiden aus allen Seiten von der linken bzw. rechten unteren Ecke eine keilförmige Fläche aus.

8. Tag- und Nachtbuch

6–7 Jahre

Ziel: Ein Buch mit einer Drehscheibe basteln, die eine Szene von Tag zu Nacht verwandelt.

Vorbereitung: Ich habe für jedes Kind ein Buch zugeschnitten und gefaltet. Mit meiner Unterstützung haben die Kinder die fertige Drehscheibe befestigt.

Drei Stunden.

Tipps zur Durchführung

- Zeigen Sie den Kindern, wie sie mit der Drehscheibe in ihrem Buch aus einer Tagszene eine Nachtszene machen können. Überlegen Sie gemeinsam, was man nur tagsüber sehen kann, zum Beispiel die Sonne, geöffnete Blumen und Schmetterlinge. Lassen Sie die Kinder dann beschreiben, was man nur nachts sieht, zum Beispiel den Mond, geschlossene Blütenkelche und Eulen.

- Entwickeln Sie gemeinsam eine Geschichte mit Tag- und Nachtszenen. Die einzelnen Szenen sollten alle am gleichen Ort spielen, zum Beispiel in einem Haus. Die Kinder malen die Figuren der Geschichte in das Feld unter dem Halbkreis. Auf eine Hälfte der Drehscheibe malen sie einen Taghimmel und auf die andere einen Nachthimmel. Nachdem sie die Drehscheibe im Buch befestigt haben, können sie auf der Seite neben der Scheibe beschreiben, was die Figuren tagsüber und am Abend gemacht haben.

So geht es:

1 Falten Sie ein A3-Blatt zu Vierteln und falten Sie es wieder auseinander. Aus der oberen Hälfte des rechten unteren Feldes schneiden Sie einen Halbkreis mit einem Radius von ca. 5 cm aus, lassen dabei aber wie abgebildet in der Mitte der Grundlinie eine kleine halbkreisförmige Fläche stehen. Am rechten Rand schneiden Sie auf der Höhe der Grundlinie des Halbkreises einen kleineren Halbkreis aus.

2 Schneiden Sie aus Tonpapier oder dünnem Karton einen Kreis mit einem Radius von ca. 7 cm zu. Halbieren Sie die Scheibe mit einer Linie. In die Mitte machen Sie ein Loch.

TAG- UND NACHTBUCH

3 Falten Sie das Blatt der Breite nach auf die Hälfte und zeichnen Sie den Umriss der halbkreisförmigen Öffnung nach. Falten Sie das Blatt auf und befestigen Sie die Scheibe mit einer Musterbeutelklammer an der entsprechenden Stelle.

4 Falten Sie das Blatt auf Grußkartenformat. Drehen Sie das Stück der Scheibe, das in dem halbkreisförmigen Ausschnitt am Blattrand zu sehen ist.

Weitere Ideen

Viertelkreis-Geschichten

Schneiden Sie bei Schritt 1 anstelle eines Halbkreises einen Viertelkreis aus und unterteilen Sie die Drehscheibe in vier Abschnitte. Sammeln Sie mit den Kindern Ideen zu diesem Buch. Wie wäre es mit einer Geschichte mit vier Episoden oder einem Buch über die vier Jahreszeiten?

Ein Tag-und-Nacht-Klappbuch

1 Falten Sie ein A3-Blatt in Viertel und falten Sie es wieder auseinander. Halbieren Sie das rechte untere Feld wie abgebildet durch zwei waagerechte Schnitte.

2 Falten Sie die obere Hälfte des Blattes hinter die untere. Kleben Sie die rechte untere Klappe an die hintere Blatthälfte.

In das rechte untere Feld können die Kinder zum Beispiel Kinder auf einer Geburtstagsparty oder einem Klassenfest malen. Auf die obere Klappe malen sie den Taghimmel, und auf die Klappe darunter den Nachthimmel. Auf der linken Seite können sie über die Party schreiben und schildern, was es zu Essen gab und welche Spiele die Kinder spielten. Erinnern Sie sie daran, dass sie für Tag und Nacht unterschiedliche Aktivitäten beschreiben sollen.

Durch Anheben der Klappe wird aus der Tagszene eine Nachtszene.

9. STEHAUF-POP-UPS

6–7 Jahre

Ziel: Ein Leporello-Buch mit Pop-up-Elementen zum Auffalten gestalten.

Vorbereitung: Ich habe für jedes Kind ein vierseitiges Leporello-Buch mit Pop-up-Elementen vorbereitet, außerdem mehrere Exemplare für Kinder, die zusätzliche Seiten brauchten.

Ungefähr zwei Stunden.

Tipps zur Durchführung

▶ Erfinden Sie mit den Kindern gemeinsam eine Geschichte, in der etwas Überraschendes passiert. Dazu können Sie den Kindern einen anregenden Geschichtenanfang vorgeben, zum Beispiel: „Es ist zwei Uhr nachts. Lars liegt in seinem Bett und schläft. Plötzlich schreckt Lars hoch ...“ Lassen Sie die Kinder Ideen sammeln, was Lars geweckt haben könnte. Ein Tier? Oder ein Einbrecher?

▶ Regen Sie die Kinder dazu an, sich einen Handlungsverlauf auszudenken. Dann schreiben sie entweder eine eigene Geschichte auf oder geben die gemeinsam erdachte Geschichte wieder. Wenn Sie sich für die zweite Möglichkeit entscheiden, könnten die Kinder in Gruppenarbeit verschiedene Teile der Geschichte übernehmen und später zusammenfügen.

▶ Die Kinder sollten auf den unteren Teil des Leporellos schreiben und die Pop-up-Teile für Zeichnungen verwenden. Besonders spannend wird es, wenn die Zeichnungen Informationen enthalten, die im Text nicht zu finden sind, wie zum Beispiel in dem Buch von Eduard (siehe Foto unten).

So geht es:

1 Halbieren Sie ein A3-Blatt der Länge nach.

2 Falten Sie an der rechten Kante einer Blatthälfte einen 1 cm breiten Rand als Klebelasche um.

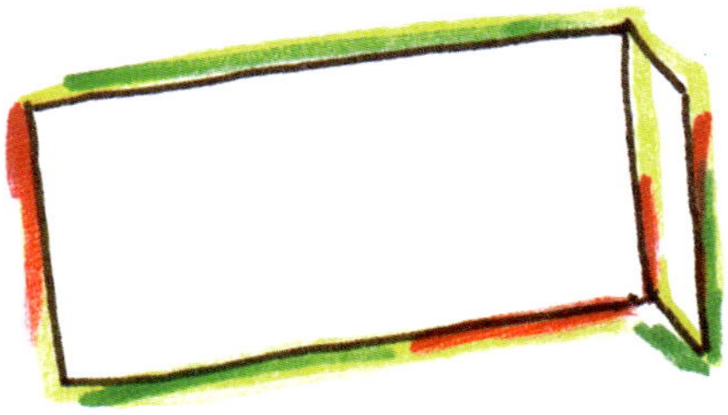

3 Falten Sie die linke Kante auf den Falz und wieder auf.

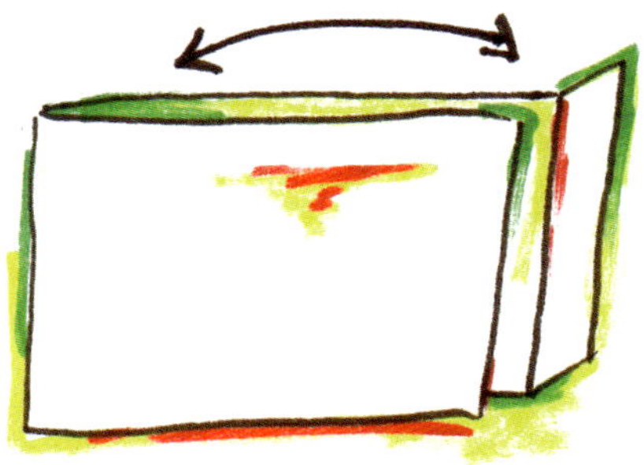

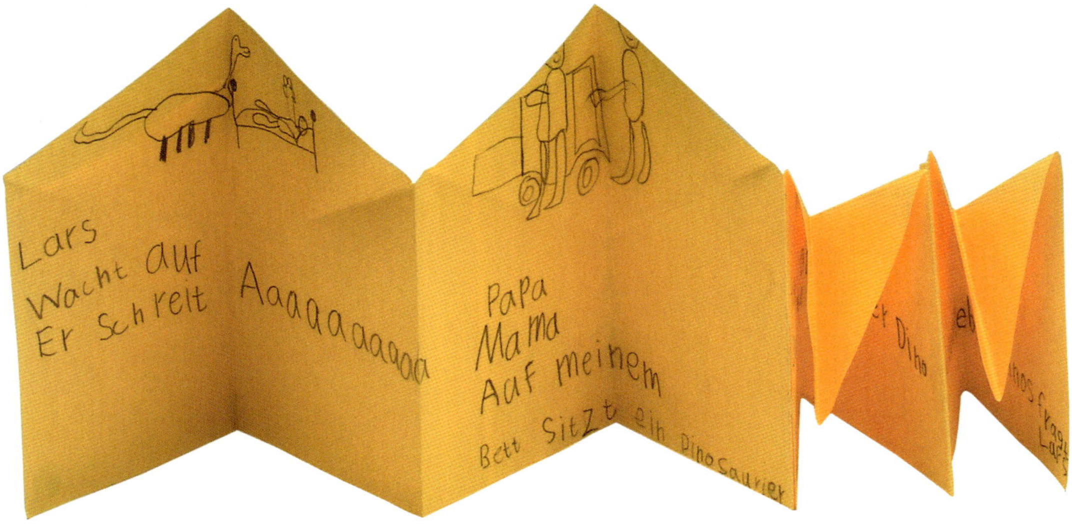

6–7 Jahre

STEHAUF-POP-UPS

4 Falten Sie die linke Kante und den rechten Falz zum Mittelfalz.

5 Schneiden Sie von den Rändern zur Mitte ein flaches ‚v' aus.

6 Falten Sie das rechte und das linke Feld leicht schräg nach unten und wieder nach oben.

7 Falten Sie die schrägen Felder an den Falzen nach innen.

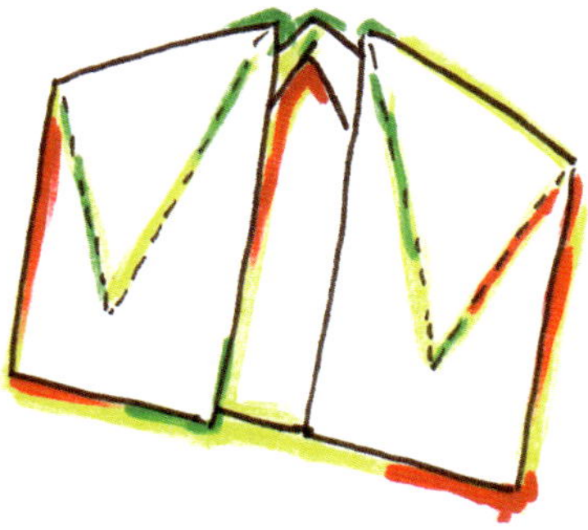

8 Falten Sie das Blatt auseinander und falten Sie den Mittelfalz nach vorn, so dass ein Leporello entsteht. Wiederholen Sie die Schritte 2 bis 7 mit dem zweiten Blatt. Kleben Sie beide an der Klebelasche aneinander.

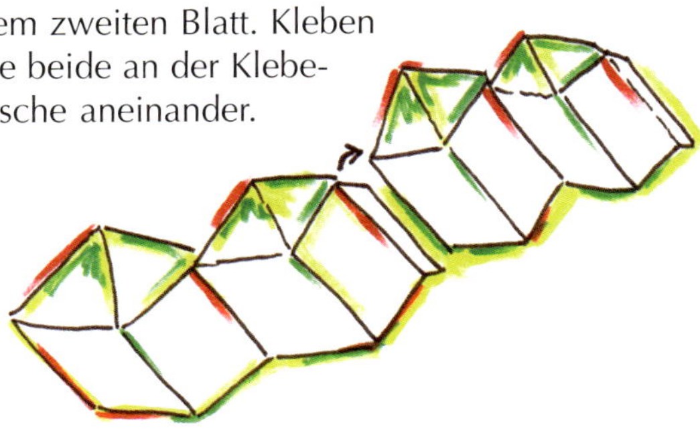

So werden aus Pop-ups Figuren:

1 Folgen Sie der Anleitung bis Schritt 6.

2 Zeichnen Sie halbe Menschen-, Häuser- oder Pflanzenformen an den seitlichen Falz der oberen Felder und schneiden Sie am Umriss entlang.

3 Schneiden Sie das Dreieck zwischen den Formen weg, so dass die Oberkante gerade ist.

4 Mit den Schritten 7 und 8 weitermachen.

Tipps zur Gestaltung

- Mit dem Fingernagel nachgezogene Falten werden messerscharf.
- Dieses Buch wirkt dann besonders gut, wenn die Seiten leicht angewinkelt aufgestellt werden.

10. Karussellbuch

6–7 Jahre

Ziel: Ein vierteiliges Buch in der Form eines Karussells machen.

Vorbereitung: Ich habe für jedes Kind die beiden gefalteten Teile für das Buch vorbereitet, die Kinder haben sie zusammengeklebt.

Zwei Stunden für die Bastelarbeit, zwei Stunden für das Schreiben.

Tipps zur Durchführung

- Zeigen Sie den Kindern Bücher mit Texten, die ohne die begleitenden Bilder nicht auskämen. Dann sprechen Sie darüber, wie Informationen sowohl durch Bilder als auch durch Worte vermittelt werden können.

- Sammeln Sie Themenvorschläge, die sich für die vier Fenster des Karussellbuches eignen, zum Beispiel die vier Jahreszeiten, Morgen, Nachmittag, Abend und Nacht, vier unterschiedliche Schaufenster, eine religiöse Geschichte oder eine Sage.

- Wenn sie ihre Bücher planen, können die Kinder sich Notizen und Entwürfe machen. Dabei schreiben sie in Stichworten und nicht in ganzen Sätzen.

- Die Kinder sollten die vier Hintergrundfelder bemalen und den Text oder die Bildunterschriften auf die vier Rahmen schreiben, bevor sie die beiden Lagen zusammenkleben.

So geht es:

1 Halbieren Sie ein A3-Blatt der Länge nach.

2 Falten Sie die kurzen Kanten des Papierstreifens A aufeinander, dann öffnen Sie ihn wieder. Falten Sie beide Kanten zur Mittellinie, dann falten Sie auch die neu entstandenen Randfalten zur Mittelinie.

3 Falten Sie das Blatt auseinander und falten Sie es an den Falzen wie einen Leporello.

4 Kürzen Sie Streifen B um ein Viertel der Länge.

5 Falten Sie an jedem Ende von Streifen B einen 1 cm breiten Rand als Klebelaschen um. Nehmen Sie die beiden Falze als Kanten und falten Sie weiter wie bei Streifen A (Schritt 2).

6 Falten Sie Streifen B auseinander und falten Sie ihn an den Falzen wie ein Leporello.

7 Schneiden Sie Fensteröffnungen in die Randfalze, die den Klebelaschen entgegengesetzt sind.

8 Bestreichen Sie die Klebelaschen an Streifen B und die Falze neben den Fenstern mit Kleber. Falten Sie die Klebelaschen um die Seitenränder von Streifen A und drücken Sie die Falze mit Kleber an die entsprechenden Falze in Streifen A.

Weitere Schichten

Das Buch wird noch raffinierter, wenn Sie zwischen den vorderen und den hinteren Papierstreifen noch einen Steifen einfügen. Kürzen Sie dazu den mittleren Streifen um ein Achtel der Länge, bevor Sie mit den Schritten 5 bis 7 weitermachen. Die Fensteröffnungen im Mittelstreifen sollten kleiner sein als die im vorderen, weil sonst der Eindruck des tiefen Raums nicht entstehen kann.

Weitere Ideen

Zum Aufhängen

Befestigen Sie die Außenkanten des Buches aneinander, kleben Sie ein Stück Schnur in die Mitte und lassen Sie es wie eine Laterne von der Decke hängen. Wenn möglich, hängen Sie die Werke der Kinder dicht beieinander mit unterschiedlich langen Schnüren auf.

Andere Formen

Durch schräg zugeschnittene Oberkanten entstehen spitze Torbögen, die Sie zusätzlich mit Ornamenten schmücken können.

11. POP-UP-THEATER-BUCH

6–7 Jahre

Ziel: Drei bewegliche Theaterszenen in einem Buch gestalten.

Vorbereitung: Ich habe für jedes Kind ein Buch mit Pop-up-Theater vorbereitet.

Für jede Doppelseite eine Stunde.

Tipps zur Durchführung

▶ Lesen Sie mit den Kindern eine Geschichte und helfen Sie ihnen dann, ein Theaterstück daraus zu machen.

▶ Überlegen Sie gemeinsam, welche Bilder die Kinder als Bühnenbilder für die drei Theaterszenen malen könnten, um einen geeigneten Hintergrund für die Geschichte zu schaffen. Welche Figuren müssen gemalt und ausgeschnitten werden? Lassen Sie die Kinder aufschreiben, wie die Figuren heißen und was sie sagen.

So geht es:

1 Fertigen Sie aus einem A3-Blatt ein Origami-Buch bis Stufe 2 (siehe Seite 8). Verlängern Sie den Einschnitt jedoch über die Mittellinie hinaus bis zur Hälfte des nächsten Feldes.

2 Falten Sie den rechten und den linken Rand zur Mittellinie hin. Schneiden Sie in drei der Felder wie abgebildet in großem Abstand voneinander parallele Linien ein.

3 Falten Sie die eingeschnittenen Flächen nach vorn.

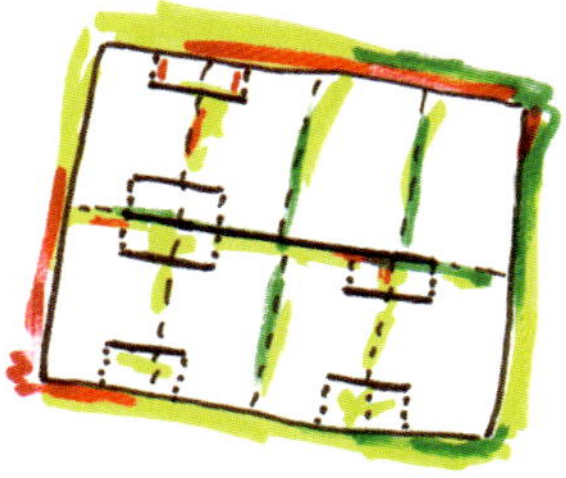

4 Falten Sie das Blatt auseinander. Nun falten Sie das Origami-Buch (siehe Seite 8) mit den Pop-up-Seiten innen.

5 Öffnen Sie jede Doppelseite und ziehen Sie die unteren und oberen Abschnitte nach vorn. Sie stellen die Bühne dar. Dazwischen lässt sich nun ein Bühnenbild malen.

6 Figuren werden auf Papierstücke gemalt und ausgeschnitten. Sie können in den einzelnen Szenen an den unteren Pop-up-Streifen geklebt werden.

POP-UP-THEATER-BUCH

Karte mit Pop-up-Theater

Eine vereinfachte Version des Pop-up-Theaters ergibt eine ungewöhnliche Grußkarte. Die Kinder sollten in der Lage sein, das Papier selbst zu falten, doch beim Schneiden brauchen sie Hilfe.

1 Falten Sie ein A4-Blatt zu Vierteln und wieder auseinander.

2 Falten Sie das Papier der Länge nach auf die Hälfte und schneiden Sie dann den Mittelfalz zur Hälfte ein.

3 Falten Sie die eingeschnittene Fläche nach rechts um und dann wieder zurück zur Ausgangsposition.

4 Schneiden Sie vom Falz aus eine Bogenform aus der unteren Hälfte.

5 Falten Sie das Blatt auf und falten Sie die obere Hälfte vor die untere. Drehen Sie die Karte um.

6 Falten Sie den linken Rand nach rechts. Gleichzeitig ziehen Sie den Pop-up-Abschnitt nach vorn.

7 Aus dem Papierrest können Figuren hergestellt und an das Theater geklebt werden.

Tipps zur Gestaltung

- Wenn die Kinder falten und schneiden, denken Sie daran, entsprechende Hinweise für Linkshänder zu geben.
- Zum Bemalen des Hintergrundes und der Bühne können die Kinder den Pop-up-Abschnitt flach drücken.

Weitere Ideen

Muttertagskarte

Aus der Pop-up-Theater-Karte lässt sich eine besondere Muttertagskarte machen. Die Kinder malen ein Porträt ihrer Mutter auf den Theaterhintergrund und bemalen den Rand des Pop-up-Elements. Welcher Text würde wohl zu dieser Karte passen? Zu welchen anderen Gelegenheiten könnte man sie verschenken?

Geschichte mit Pop-up

Das Pop-up-Theater-Buch eignet sich auch für eine spektakuläre Präsentation eines Geschichtsprojektes. Die Kinder sammeln zunächst Informationen, zum Beispiel zum Leben im alten Rom, und suchen sich dann drei Szenen für das Buch aus: etwa das Badehaus, ein Gelage und die Spiele.

12. Buch mit Rahmen

6–7 Jahre

Ziel: Eine Geschichte in einem vierseitigen Buch mit gerahmtem Titelbild schreiben und illustrieren.

Vorbereitung: Ich habe die Bücher bis zu Schritt 2 gefaltet und geschnitten, während die Kinder das Buch zu Ende gefaltet haben.

Drei Doppelstunden.

Tipps zur Durchführung

▶ Planen Sie mit den Kindern eine vierteilige Geschichte rund um eine bestimmte Hauptfigur, zum Beispiel ein Tier oder ein Fabelwesen. Im ersten Teil sollten Figur und Schauplatz vorgestellt werden. Im zweiten Teil könnte sich die Figur auf die Suche nach einem Abenteuer machen. Im dritten Teil könnte etwas Aufregendes oder Beängstigendes geschehen. Im letzten Teil wird die Handlung aufgelöst.

▶ Die Kinder sollen für ihre Bücher eigene Figuren zu erfinden und mit Namen und persönlichen Eigenarten ausstatten. Jedes Kind stellt seine Titelfigur im gerahmten Titelbild vor, denkt sich eine Handlung aus und schreibt und illustriert die Geschichte.

▶ Das Buch kann beim Schreiben auch quer genommen werden, sodass der Buchrücken oben liegt wie in dem Buch von Johannes (siehe Foto).

So geht es:

1 Fertigen Sie aus einem A3-Blatt ein Origami-Buch bis Stufe 3 (siehe Seite 8). Schneiden Sie den oberen Teil der Mittellinie ein.

2 In das rechte untere Feld schneiden Sie eine Tür. Lassen Sie 2 cm Abstand zu den Feldrändern. Im linken unteren Feld machen Sie im Abstand von 1 cm vom Falz einen Schnitt, der so lang ist wie die Tür.

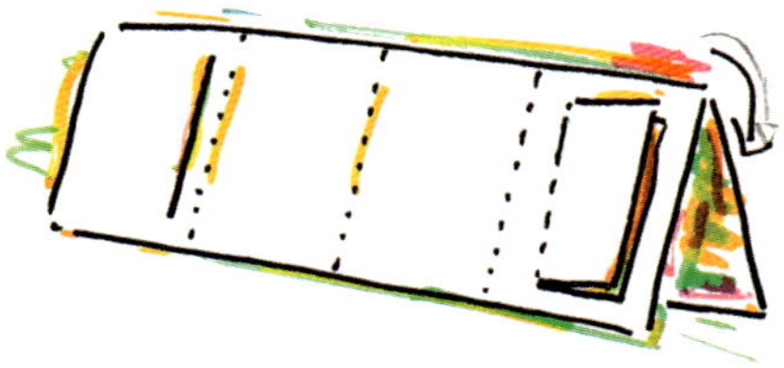

3 Falten Sie die oberen Felder hinter die unteren.

BUCH MIT RAHMEN

4 Schieben Sie die mittleren Felder zusammen.

5 Falten Sie die Felder mit Tür und Schlitz als Buchdeckel um die mittleren Felder.

6 Öffnen Sie die Tür, ...

7 ... falten Sie sie um den Buchrücken und stecken Sie sie in den Schlitz.

So wird ein Buch mit 16 Seiten gemacht:

1 Fertigen Sie zwei Bücher bis Schritt 6. Dabei schneiden Sie in ein Buch zwar eine Tür, aber keinen Schlitz, in das andere einen Schlitz, aber keine Tür.

2 Schieben Sie die Tür durch den Schlitz auf der Rückseite des anderen Buches. Streichen Sie als zusätzliche Befestigung ein wenig Klebstoff zwischen die Rückseite des ersten Buches und die Vorderseite des zweiten Buches.

Weitere Ideen

Fortsetzungsroman

Ermuntern Sie die Kinder, ihre Geschichten weiterzuspinnen. Fragen Sie sie zum Beispiel: „Etwas Aufregendes passierte am Tag nach dem Ende der Geschichte. Was könnte das sein?“ Bei zögerlichem Ideenfluss helfen Sie mit Vorschlägen aus. Die Kinder könnten dann eine Fortsetzung des ersten Buches schreiben und neue Abenteuer für ihre Helden erfinden.

Tipps zur Gestaltung

- Der Buchdeckel kann mit etwas Klebstoff angeklebt werden, damit er nicht zerreißt.
- Das Türblatt sollte in den Schlitz geklebt werden, damit es nicht herausrutscht, wenn man das Buch aufschlägt.

13. „Und dann?“-Buch

7–8 Jahre

Ziel: Eine Geschichte in einem Buch mit vorgegebenem Seitenlayout fortsetzen.

Vorbereitung: Ich habe zwei Vorlagen mit unterschiedlichen Formaten vorbereitet und ausreichend Kopien von jeder Vorlage angefertigt. Die Kinder haben ihr Buch gefaltet und geheftet.

Vier Doppelstunden.

Tipps zur Durchführung

- Bei diesem Buch ist das Layout vorgegeben. In jeden Rahmen gehört ein Bild, und der Text muss in den restlichen Platz passen.

- Verwenden Sie das Buch für eine Geschichte, an der die ganze Klasse mitschreiben kann. Ein Kind beginnt die Geschichte mit Kapitel 1. Es wählt eine der beiden Vorlagen aus und legt sie wie in der Skizze zu Schritt 3 der Anleitung vor sich auf den Tisch. Es schreibt und zeichnet zunächst auf die vor sich liegende Seite, wendet dann das Blatt und gestaltet die andere Seite. Die Innenseiten der Vorlagen bleiben leer. Das nächste Kind liest sich den Anfang durch und fügt Kapitel 2 hinzu. So kann das Buch durch die ganze Klasse gehen, bis das letzte Kind die Geschichte beendet.

So geht es:

1 Falten Sie ein A4-Blatt der Breite nach auf die Hälfte. Zeichnen Sie in die rechte Hälfte einen Rahmen mit reichlich Abstand von den Blattkanten.

2 Auf ein weiteres gefaltetes Blatt zeichnen Sie unten links einen Rahmen und einen oben rechts.

3 Kopieren Sie die Blätter und falten Sie sie auf die Hälfte. Die leere Seite liegt innen.

7–8 Jahre

„Und dann?"-Buch

Der Buchdeckel

Mit etwas Hilfe sollten die Kinder in der Lage sein, diesen Bucheinband selbst zu falten und zu befestigen.

1 Falten Sie ein A3-Blatt der Breite nach auf die Hälfte. Falten Sie es auseinander und legen Sie ein A4-Blatt wie abgebildet in die Mitte.

2 Falten Sie den unteren und den oberen Rand an den Kanten des A4-Blattes um.

3 Falten Sie den rechten und den linken Rand an den Kanten des A4-Blattes um. Nehmen Sie das A4-Blatt weg und ziehen Sie die Falten nach.

4 Sortieren Sie die Buchseiten in der richtigen Reihenfolge und fügen Sie vorne und hinten ein einfaches gefaltetes Blatt hinzu. Heften Sie die offenen Kanten der Blätter zusammen.

5 Schieben Sie die erste und die letzte Seite in die rechte und die linke Tasche des Bucheinbandes.

Tipps zur Gestaltung

- Nehmen Sie farbiges Papier für den Bucheinband.
- Achten Sie darauf, dass die Seiten beim Schreiben richtig ausgerichtet sind und dass die Kinder nicht zu dicht am Rand oder zur Mitte hin schreiben.
- Gepunktete Linien können bei der Ausrichtung der Handschrift helfen.

Weitere Ideen

Farbcode

Für ein Buch mit unterschiedlichen farbigen Abschnitten kopieren Sie die Vorlagen auf farbiges Papier. So könnte die Einleitung auf grünen Seiten stehen (alles über unseren Besuch in einem Museum), die Informationen auf gelben Seiten (Beschreibung der ständigen Ausstellung), weitere Informationen auf blauen Seiten (andere Exponate) und Kommentare auf roten Seiten (was mir am besten gefiel).

14. SEITE-FÜR-SEITE-BUCH

7–8 Jahre

Ziel: Einen Text auf einzelne Blätter schreiben, die dann zu einem Buch zusammengefügt werden.

Vorbereitung: Jedes Kind hat eine Leporello-Vorlage gefaltet, ich habe die dazugehörigen vier Blätter für die Vorlage zugeschnitten.

Vier mal zwei Stunden.

Tipps zur Durchführung

▶ Bei diesem Buch können die Kinder im Gegensatz zu einem vorgefalteten Buch beim Schreiben und Malen die einzelnen Blätter nebeneinander legen. Dadurch können sie wiederkehrende Illustrationselemente (zum Beispiel den Schauplatz oder bestimmte Figuren) gut aufeinander abstimmen.

▶ Das Buch eignet sich ebenso für illustrierte Anleitungen und Rezepte, wie für Gedichte oder Geschichten.

▶ Wenn die Kinder mit ihren Seiten unzufrieden sind, haben sie die Möglichkeit, die Bilder und Texte zu überarbeiten, bevor sie in die Leporello-Vorlage geklebt werden.

So geht es:

1 Halbieren Sie ein A3-Blatt der Länge nach.

2 Falten Sie eine Hälfte zu acht Leporellofalten (siehe Schritte 2 bis 3 vom Karusselbuch, Seite 26).

3 Falten Sie die zweite Hälfte zu Vierteln, die Sie an den Falzen auseinander schneiden.

4 Wenn die Geschichte fertig ist, kleben Sie die Viertel mit dem linken Rand jeweils auf die rechte Seite eines Leporelloabschnitts.

Weitere Ideen

Klassenbuch

Jedes Kind trägt ein Gedicht, ein Rätsel oder einen anderen kurzen Text zu dem Buch bei. Dies ist eine gute Gelegenheit, Schönschrift oder Textverarbeitung am Computer zu üben. Experimentieren Sie mit Möglichkeiten, die Felder auszuschmücken. Könnten zum Beispiel die Buchstaben selbst in die Gestaltung integriert werden?

6–9 Jahre

15. Karte mit Versteck

Ziel: Eine Gruß- oder Einladungskarte mit einer Klappe gestalten, unter der die eigentliche Textbotschaft versteckt wird.

Vorbereitung: Jedes Kind hat seine Karte selbst gefaltet. Bei den Klappen habe ich geholfen.

Zwei Stunden.

Tipps zur Durchführung

- Diese Karte kann je nach Bedarf als Einladungskarte oder als Glückwunschkarte zu Geburtstagen oder jahreszeitlichen Festen gestaltet werden.
- Die Kinder können das Titelblatt der Karte zum Beispiel mit den Worten „Bitte öffnen" oder „Einladung" beschriften und mit hübschen Mustern verzieren.
- Auf der linken Innenseite können sie zum jeweiligen Anlass ein Bild malen, zum Beispiel eine Geburtstagstorte, einen Weihnachtsbaum oder Ähnliches. Unter die Klappe schreiben die Kinder dann ihre Textbotschaft.

So geht es:

1 Falten Sie ein A4-Blatt auf die Hälfte und dann wieder auf die Hälfte. Falten Sie es auseinander.

2 Schneiden Sie wie abgebildet eine Klappe in das rechte untere Feld.

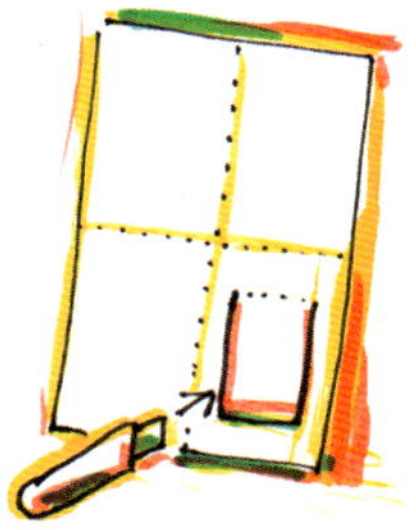

3 Falten Sie das Blatt erneut und falten Sie die Klappe nach oben.

Weitere Ideen

Werbebroschüre

Die Kinder falten ein A4-Blatt auf die Hälfte, so dass eine Broschüre entsteht. Auf die Vorderseite malen sie ein Produkt, zum Beispiel ein bestimmtes Spielzeug oder ein Buch. Dazu schreiben sie einen Satz, der Interesse weckt, zum Beispiel „Ein packender neuer Roman des Autors von ...". Überlegen Sie gemeinsam, was ein Käufer über das Produkt wissen möchte. Die Kinder schreiben diese Informationen auf die linke Innenseite. Die rechte Innenseite gestalten sie wie ein Bestellformular und schreiben die Adresse auf die Rückseite, so dass das Formular abgeschnitten und weggeschickt werden kann.

16. LYRIKMAPPE

8–9 Jahre

Ziel: Eine Sammlung von Gedichten von der ganzen Klasse zusammenstellen und sie in einer Mappe präsentieren.

Vorbereitung: Ich habe die Mappe für die Arbeiten der Kinder vorbereitet.

Zwei Doppelstunden zum Schreiben und Zeichnen und evtl. einen halben Vormittag für einen Ausflug.

Tipps zur Durchführung

▶ Zur Vorbereitung können Sie mit den Kindern einen Wald, Garten oder Park besuchen. Dort sammeln, skizzieren und notieren die Kinder alles, was ihnen auffällt.

▶ Lassen Sie die Kinder über Möglichkeiten nachdenken, einen Gegenstand zu beschreiben und in möglichst wenigen Worten zu sagen, wie er sich anfühlt, wie er riecht oder aussieht. Erinnert er sie an etwas?

▶ Die Kinder können eine Liste von wichtigen Wörtern zusammenstellen und dann weitere Wörter aufschreiben, die dazu passen. Mit diesen Notizen als Anhaltspunkten schreiben sie ein kurzes Gedicht.

▶ Die Kinder sollten für ihre Gedichte querformatiges A4-Papier verwenden. Sie können circa 1 cm vom Rand des Papiers einen Rahmen aufzeichnen und ihr Gedicht und eine dazu passende Zeichnung darauf anordnen. Anstelle einer Zeichnung können die Kinder auch Fotos oder gepresste Pflanzen einkleben. Die fertigen Gedichte werden in der Mappe gesammelt.

So geht es:

1 Auf ein Stück Papier oder dünnen Karton im DIN-A2-Format zeichnen Sie im Abstand von 13 cm vom linken Rand und 9 cm vom oberen Rand je eine Linie.

2 Im Abstand von 1 cm zeichnen Sie eine Linie rechts von der ersten und unter der zweiten Linie.

3 Drehen Sie das Papier um und wiederholen Sie die Schritte 1 und 2.

4 Schneiden Sie die Eckfelder aus.

5 Lassen Sie die Klappen sich nach außen hin etwas verjüngen. Ritzen Sie die Linien mit Lineal und Cuttermesser vorsichtig ein.

6 Falten Sie die Mappe wie abgebildet.

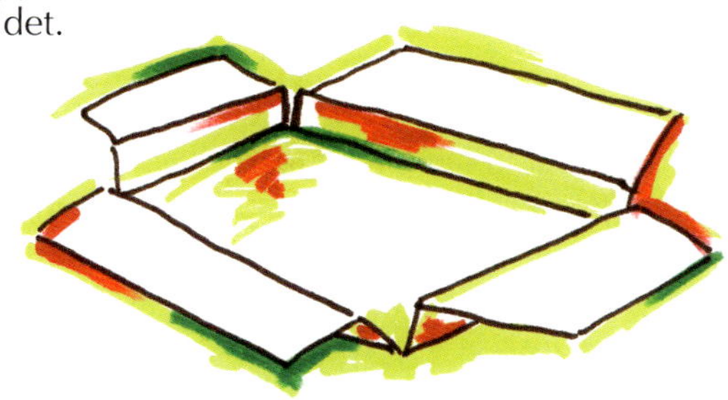

7 Legen Sie die Klappen so, dass sie überlappen.

Einen besonderen Rahmen herstellen

In diesem erhöhten Rahmen lassen sich Arbeiten aus der Lyrikmappe schön präsentieren.

1 Schneiden Sie ein Stück Zeichenpapier, etwas größer als A4, wie in der Abbildung mit dem Cuttermesser ein.

2 Falten Sie die mittleren Felder so nach außen, dass sich die Kanten mit den Außenkanten des Rahmens decken.

3 Falten Sie die Kanten der beiden Felder auf die Kanten des Fensterausschnittes.

4 Kleben Sie die Unterseiten der gefalteten Felder auf ein Blatt Papier.

5 Schieben Sie die Arbeit in den Fensterausschnitt.

Weitere Ideen

Klassenausstellung

Die hier vorgestellte Mappe kann auch für Zeichnungen, Geschichten oder Sachtexte verwendet werden. Der Vorteil von lose eingelegten Blättern ist, dass sie sich im Klassenzimmer ausstellen oder durch die Bankreihen reichen lassen, so dass jedes Kind sie sich genau ansehen kann.

Tipp zur Gestaltung

Benutzen Sie qualitativ hochwertige, vielleicht gefärbte oder geprägte Papiere – umso sorgfältiger werden die Kinder arbeiten.

17. Ferienprospekt

8–9 Jahre

Ziel: Einen Ferienprospekt planen, schreiben und illustrieren.

Vorbereitung: Ich habe einen Prospekt für jeweils sechs Kinder zugeschnitten und gefaltet. Die Kinder haben die Gestaltung untereinander aufgeteilt.

Zweimal zwei Stunden.

Tipps zur Durchführung

▶ Die Kinder können sich als Vorbereitung verschiedene Ferienprospekte ansehen und eine Liste mit den wesentlichen Charakteristika zusammenstellen, wie zu einer Aufzählung von Vorzügen und Gutscheinen für Restaurants und Geschäfte.

▶ In Sechsergruppen entwerfen und realisieren sie dann selbst einen Prospekt. Die Kinder sollen planen, Ideen austauschen und über ihre Texte sprechen. Ein Kind könnte zum Beispiel ein auffallendes Titelblatt für die Broschüre seiner Gruppe gestalten. Ein anderes Kind überträgt die Umrisse des Fensters im Titelblatt auf ein Stück Papier, das etwas kleiner ist als die Prospektseiten. In den abgezeichneten Umriss des Fensters wird ein Bild gemalt, rings um das Bild kann Text angeordnet werden und schließlich wird das Blatt auf Seite 3 des Buches geklebt (siehe Foto diese Seite). Ein drittes Kind könnte Sonderangebote für Kunden auf ein Extrablatt schreiben, das auf den Seiten 4 und 5 festgeklebt wird. Die Pop-up-Elemente werden entsprechend gestaltet (siehe Foto Seite 39 oben). Ein viertes Kind könnte die Unterbringung im Hotel beschreiben, und eine bewegliche Hotelzimmertür gestalten. Für die gegenüberliegende Seite könnte ein fünftes Kind eine Liste von Sachen zusammenstellen, die man in den Urlaub mitnehmen sollte, zum Beispiel eine Erste-Hilfe-Ausrüstung, Geld in der Landeswährung und Kleidung (siehe Foto Seite 39 unten). Währenddessen könnte ein sechstes Kind einen Buchungsvordruck gestalten, der auf die Rückseite des Buches geklebt wird.

FERIENPROSPEKT

So geht es:

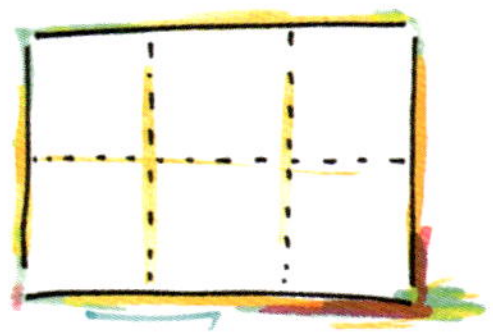

1 Falten Sie ein A2-Blatt der Breite nach in drei gleich große Felder und dann wieder auseinander. Falten Sie es nun der Länge nach auf die Hälfte und wieder auseinander.

2 Schneiden Sie wie abgebildet den linken oberen und den rechten unteren Falz ein.

3 Schneiden Sie in das linke obere Feld ein Fenster. Schneiden Sie eine bewegliche Tür in das rechte obere Feld.

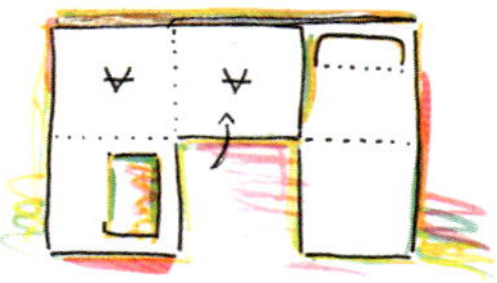

4 Klappen Sie die beiden unteren, mit „A" gekennzeichneten Felder nach oben. Klappen Sie das nun verdeckte Feld mit dem Fenster nach unten.

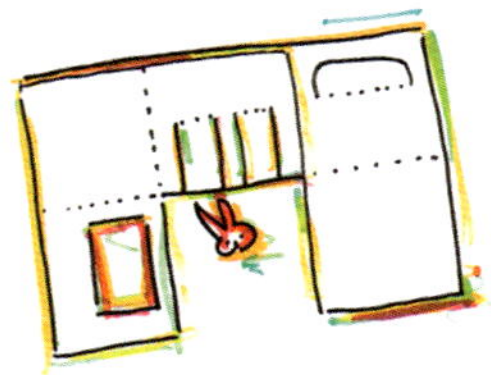

5 Machen Sie vier parallele Schnitte in den Mittelfalz bis etwa zur Hälfte der beiden mittleren Felder.

6 Falten Sie die beiden linken Felder nach rechts auf das mittlere Feld und die beiden rechten Felder hinter das mittlere Feld.

7 Drehen Sie das Buch, so dass die rechte Kante zur Unterkante wird.

8 Falten Sie das Fensterfeld nach rechts und das verbleibende linke Feld nach links.

Weitere Ideen

Werbung und Informationen

Diese Prospektform lässt sich für alle möglichen Werbe- und Informationsbroschüren verwenden, zum Beispiel über ein Gartencenter, einen Fußballclub oder Recycling im Haushalt.

Reisebüro

Kinder, die früher als die anderen fertig sind, können andere Sachen entwerfen, die ein Reisebüro anbietet, zum Beispiel einen Gepäckaufkleber, ein Ferienplakat, einen Rabattcoupon oder eine Dokumentenmappe.

18. BILDERALBUM

8–9 Jahre

Ziel: Ein Klassenbuch mit Porträts machen, zu dem jedes Kind eine Zeichnung und einen Text beisteuert.

Vorbereitung: Die Kinder haben fertig zugeschnittene Papierstreifen zu Leporelloseiten gefaltet. Ich habe einen Bucheinband vorbereitet und geholfen, die Seiten im Buch zu befestigen.

Zweimal zwei Stunden.

Tipps zur Durchführung

- Lassen Sie die Kinder an Tischen mit Pflanzen oder Dekorationen in der Mitte sitzen.

- Verteilen Sie an jedes Kind zwei Blätter der Größe 10 x 16 cm. Auf die untere Hälfte von einem der Blätter können die Kinder das Stillleben auf dem Tisch malen. Mit ihrem Gegenüber als Anregung malen sie ein Porträt vor einem Fantasiehintergrund in die obere Häfte.

- Auf das andere Blatt Papier schreiben die Kinder einen Text zum Bild. Als Überleitung zum nächsten Porträt beenden die Kinder ihre Texte mit den Worten: „Diese Person hat einen Freund (eine Freundin) mit Namen ..."

- Es sieht noch schöner aus, wenn die Kinder ihre Bilder und Texte auf etwas größer geschnittene farbige Papierstücke kleben (ca. 12 x 18 cm), bevor sie schließlich in das Leporello-Buch geklebt werden.

So geht es:

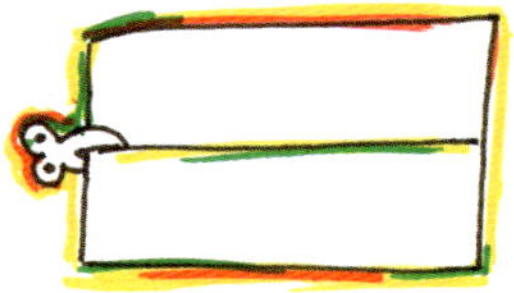

1 Zerschneiden Sie ein A2-Blatt der Länge nach in zwei Hälften.

2 An der rechten Kante einer Hälfte falten Sie einen 1 cm breiten Rand um.

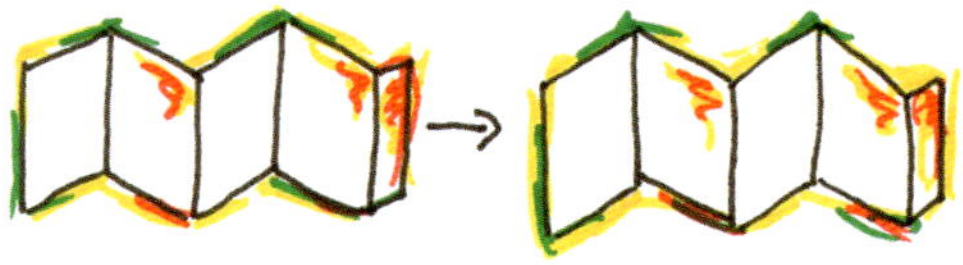

3 Falten Sie die linke Kante auf den Falz. Falten Sie das Papier auseinander. Dann falten Sie die linke Kante und den rechten Falz auf die Mittellinie und falten die Felder zu einem Leporello.

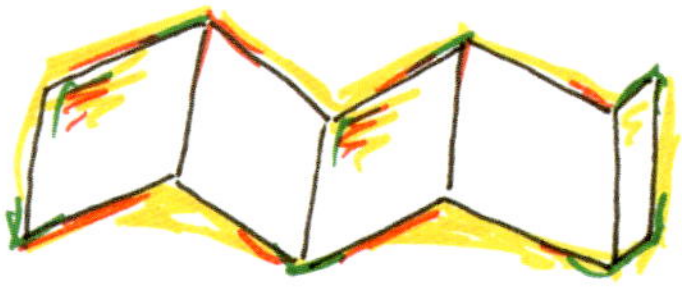

4 Wiederholen Sie die oben beschriebenen Schritte mit der anderen Blatthälfte. Dann kleben Sie den rechten Rand der ersten Hälfte hinter die linke Kante der zweiten Hälfte. Kleben Sie so viele Streifen aneinander, dass jedem Kind eine Doppelseite zur Verfügung steht.

18. BILDERALBUM

So wird der Bucheinband gemacht:

1 Schneiden Sie zwei Stücke aus dickem Karton zu, die etwas größer sind als die Leporello-Seiten. Schneiden Sie außerdem einen Kartonstreifen von 4 cm Breite für den Buchrücken zu.

2 Bestreichen Sie die Zuschnitte einseitig mit wenig Klebstoff und kleben Sie sie wie abgebildet auf ein A3-Blatt. Lassen Sie um die Kanten einen 2 cm breiten Rand stehen. Das restliche Papier schneiden Sie ab.

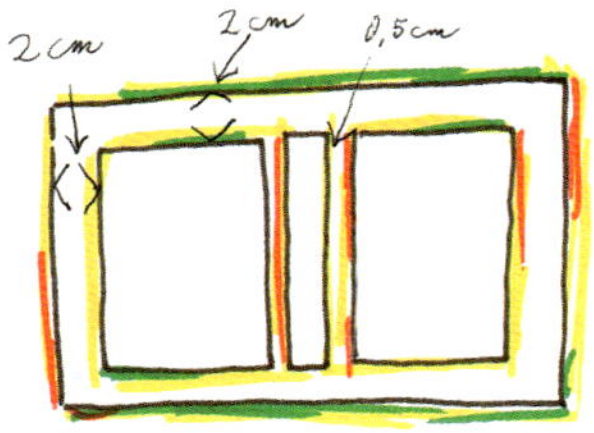

3 Schneiden Sie die Ecken wie abgebildet diagonal ab.

4 Bestreichen Sie die Papierränder mit Klebstoff und falten Sie sie auf die Kartonstücke.

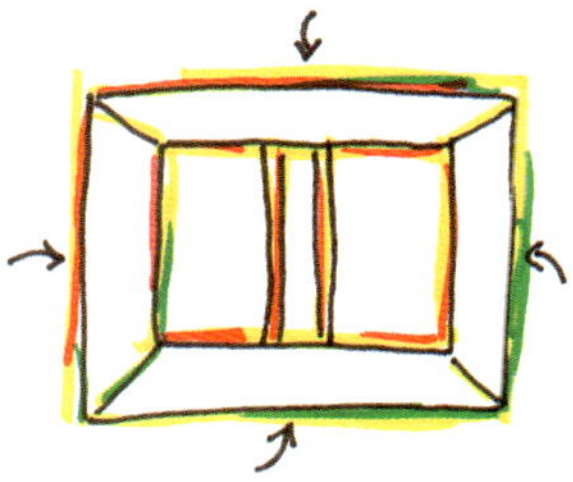

5 Schneiden Sie ein Stück weißes Papier so zu, dass es den Buchrücken und die Kanten der Buchdeckel bedeckt. Kleben Sie es auf und falten Sie es an den nötigen Stellen, indem Sie die Buchdeckel zusammenklappen.

6 Kleben Sie die erste Buchseite von innen gegen den vorderen Buchdeckel und die letzte Buchseite gegen den rückwärtigen Buchdeckel.

Weitere Ideen

Buch für Klassenprojekte

Mit Beiträgen von allen Kindern lassen sich zahlreiche Klassenbücher gestalten. Die Kinder könnten zum Beispiel ein aktuelles Projekt aus dem Sachunterricht beschreiben, zum Bespiel „Leben im Teich“ oder „Alltag in einem afrikanischen Dorf“. Oder Sie verwenden das Buch für weitere Schreib- und Malprojekte zu Themen wie „Der aufregendste Tag meines Lebens“, „Mein schrecklichstes Erlebnis“ oder „Was ich in zwanzig Jahren tun möchte“. Bitten Sie die Kinder die Buchseiten zu diesem Thema zu beschreiben und zu illustrieren.

Alles über uns

Jedes Kind malt ein Porträt seines Sitznachbarn und verfasst eine passende Beschreibung dazu. Die Kinder könnten ihre Partner interviewen, um weitere Einzelheiten über sie zu erfahren, wie zum Beispiel ihre Vorlieben und Abneigungen, ihre Lieblingssportarten, ihre Lieblingsgruppen, wie ihre Haustiere heißen und so weiter. Fassen Sie alle Arbeiten der Kinder zu einem faszinierenden Dokument über die Klasse zusammen.

Tipps zur Gestaltung

- Beim Kleben nur wenig Klebstoff benutzen.
- Beim Aneinanderdrücken können die Klebeflächen durch ein zusätzliches Blatt Papier vor Fingerspuren geschützt werden.

19. POP-UP-SCHIFF-BUCH

8–9 Jahre

Ziel: Ein Buch mit einem Pop-up-Schiff gestalten und dabei technische, künstlerische und sprachliche Fähigkeiten miteinander kombinieren.

Vorbereitung: Das Ausschneiden, Falten und Zusammenbauen der Schiffe waren die Aufgaben der Kinder. Ich war für den Bucheinband und später für die Herstellung des Klassenbuches zuständig.

Viermal zwei Stunden.

Tipps zur Durchführung

- Ein Projekt zu Reisen in die Vergangenheit könnte der Anlass für dieses Pop-up-Buch mit einem Segelschiff sein.
- Überlegen Sie mit den Kindern, ob das Buch historisch, wissenschaftlich oder fiktional sein soll.
- Die Kinder können Nachschlagewerke, Videos oder CD-ROMs als Informationsquellen nutzen und sich Notizen machen. Regen Sie sie dazu an, Begriffe aus dem Bereich der Schiffe in Glossaren nachzuschlagen. Sie können auch ein Schiffslexikon mit Beiträgen der ganzen Klasse zusammenstellen.
- Lassen Sie die Kinder aus A3-Zeichenblockpapier ein Probeexemplar falten und schneiden, bevor sie das endgültige Schiff aus A2-Papier (doppelte Größe) fertigen.
- Der Untergrund sollte beschriftet und illustriert werden, bevor das Schiff angeklebt wird. Die Schiffsaufbauten sollten vor dem Zusammenbau bemalt werden. Erinnern Sie die Kinder daran, dass sie die Masten, Segel und Figuren von beiden Seiten bemalen müssen.

So geht es:

1 Schneiden Sie ein Blatt weißes Papier im A2-Format der Breite nach in zwei Hälften.

2 Falten Sie eine der Hälften wiederum der Breite nach auf die Hälfte und dann wieder auseinander. Dies ist der Untergrund.

3 Halbieren Sie die andere Hälfte der Länge nach. An einem der beiden Streifen falten Sie an der rechten Kante einen schmalen Rand um.

POP-UP-SCHIFF-BUCH

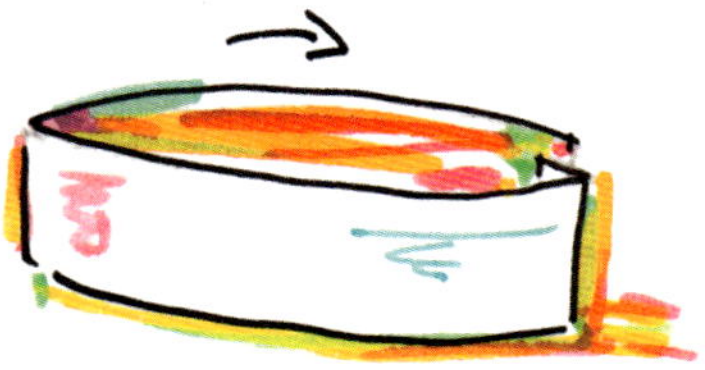

4 Kleben Sie die linke Kante an diesen Rand und streichen Sie den Ring glatt.

5 Schneiden Sie wie abgebildet die rechte und die linke untere Ecke aus dem flachen Ring (dabei beide Papierlagen erfassen). Auf diese Weise erhalten Sie auf jeder Seite eine überstehende Klebelasche.

6 Bestreichen Sie die Außenseiten der Klebelaschen mit Klebstoff. Legen Sie den Ring auf eine Seite des Untergrundes. Die Klebelasche liegt dabei dicht am Mittelfalz. Klappen Sie die andere Seite des Untergrundes darüber und drücken Sie die Klebefläche an.

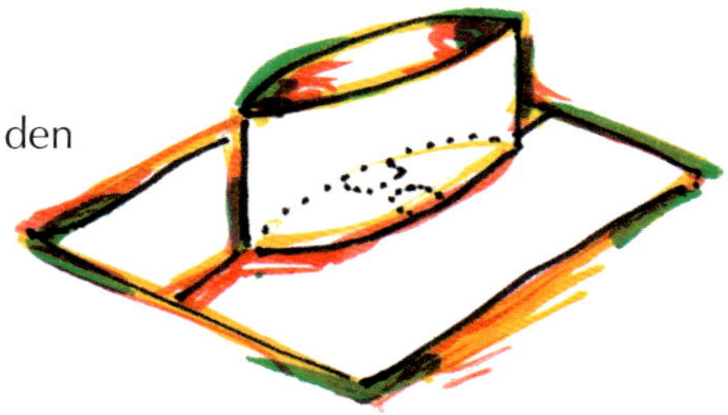

7 Öffnen Sie den Untergrund, damit der Schiffsrumpf sich aufsetzt.

8 Schneiden Sie eine Kajüte, Masten und Segel aus dem anderen Papierstreifen zu und kleben Sie sie am Schiffsrumpf fest. Achten Sie darauf, dass nichts hervorschaut, wenn der Untergrund zusammengeklappt wird.

Weitere Ideen

Alle möglichen Schiffe

Lassen Sie die Kinder mit allen möglichen Arten von Wasserfahrzeugen experimentieren, zum Beispiel mit Fischerbooten, Kreuzfahrtschiffen oder Segeljollen. Die Kinder können Nachschlagewerke zur Hilfe nehmen, um Schiffsformen und -aufbauten zu identifizieren. Wenn die Kinder bereits etwas Sicherheit beim Basteln von Pop-ups gewonnen haben, können sie sich an neue Herausforderungen wagen, wie zum Beispiel eine Wimpelreihe zwischen den Masten oder ausgeschnittene Figuren, die auf Deck und im Ausguck festgeklebt werden.

Ein Klassenbuch

Die Arbeiten der Kinder lassen sich in Büchern mit festem Einband schön präsentieren (Arbeitsanleitung für den Einband siehe „Bilderalbum", Seite 40/41). Fassen Sie für jedes Buch mehrere Pop-ups zusammen, indem Sie immer eine rechte Seite auf die Rückseite einer linken Seite kleben.

Tipps zur Gestaltung

- Mast, Segel und kleinere Details immer am flach liegenden Schiffsrumpf ankleben, nicht am aufgestellten Schiff.
- Der Schiffsrumpf sollte möglichst flach sein, damit genügend Platz für die Kajüte und die Segel darüber bleibt.

20. POP-UP-SCHIFF-FLYER

8–9 Jahre

Ziel: Einen Pop-up-Flyer als Werbung für den Sammelband über Schiffe (siehe Seite 42/43) gestalten.

Vorbereitung: Die Kinder haben die Pop-up-Flyer bis zu Schritt 4 gefaltet und geschnitten, während ich die Papierstreifen für den Mast und die Segel vorbereitet habe.

Eine Stunde für das Falten und Schneiden der Broschüre, eine Doppelstunde für das Bemalen und Schreiben.

Tipps zur Durchführung

▶ Sprechen Sie darüber, wie Werbeschriften das Interesse des Lesers an weiteren Informationen wecken. Sammeln Sie Ideen für Überschriften, versuchen Sie aber, allzu abgedroschene Wendungen zu vermeiden. Beschränken Sie die Kinder auf ungefähr zehn Wörter und lassen Sie sie drei Zeilen Werbetext für das Buch mit Pop-up-Schiffen von den Seiten 42/43 entwerfen, bevor sie sich für eine Zeile entscheiden.

▶ Die Kinder sollten zunächst ein Probeexemplar aus A4-Kopierpapier basteln, bevor sie das endgültige Exemplar aus A3-Zeichenpapier schneiden und falten.

▶ Text und Illustrationen sollten vor dem Zusammenkleben hinzugefügt werden. Das Deckblatt wird zum Schluss gestaltet.

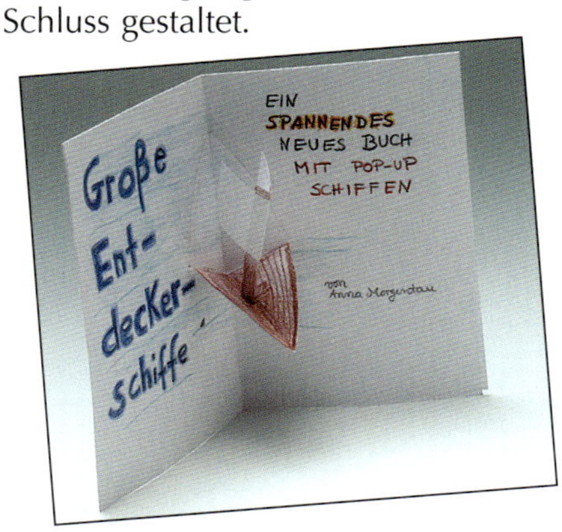

Tipps zur Gestaltung

▶ Darauf achten, dass der zusammengefaltete Schiffsrumpf nicht über die Seitenränder herausragt.
▶ Wenn das Segel zu groß ist, kann sich der Mast unter seinem Gewicht nach unten biegen.

So geht es:

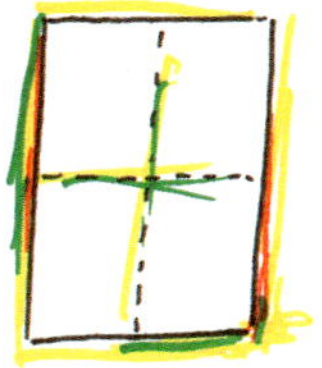

1 Falten Sie das Papier zu Vierteln. Dann falten Sie es wieder auseinander.

2 Falten Sie das Blatt der Länge nach auf die Hälfte. Machen Sie am unteren Teil des Falzes einen gekrümmten Einschnitt. Diesen falten Sie schräg nach unten und dann wieder zurück.

3 Öffnen Sie die Broschüre. Falten Sie die obere Hälfte hinter die untere. Sie können jetzt den Schiffsrumpf nach vorn ziehen. Bemalen Sie den Schiffsrumpf. Falten Sie die Broschüre wie eine Karte.

4 Schneiden Sie aus einem Stück Papier ein Segel aus, bemalen Sie es und falten Sie es auf die Hälfte.

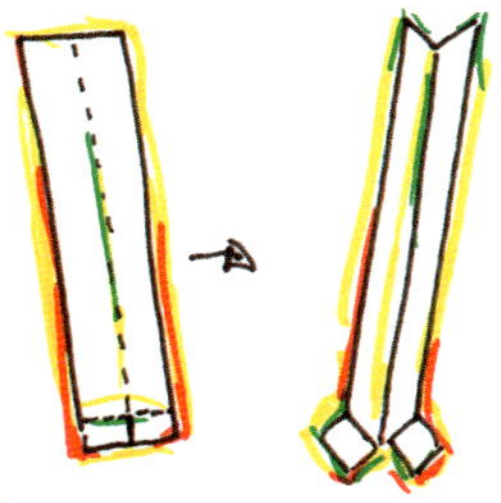

5 Schneiden Sie für den Mast einen Papierstreifen zu, der halb so lang ist wie die Broschüre. Bemalen Sie den Mast von beiden Seiten. Falten Sie ihn der Länge nach auf die Hälfte. Machen Sie am unteren Ende des Falzes einen kleinen Einschnitt. Falten Sie die beiden Klappen nach oben.

6 Tupfen Sie Klebstoff auf die Klebelaschen des Mastes und drücken Sie sie von innen an an den Mittelfalz des Pop-up-Elements, so dass der Mast gerade steht. Kleben Sie das Segel an den Mast.

9–10 Jahre

21. Broschüre mit Klappen

Ziel: Eine Broschüre mit beweglichen Klappen gestalten.

Vorbereitung: Ich habe für jedes Kind eine Broschüre gefaltet und zugeschnitten.

Zwei Stunden.

Tipps zur Durchführung

▶ Diese Broschüre eignet sich gut zur Darstellung von Gegensätzen und Vorher-Nachher-Situationen.

▶ Die Kinder könnten daraus zum Beispiel eine Broschüre für eine Umweltschutz- oder Wohltätigkeitsorganisation gestalten. Auf der linken Seite stellen sie eine verbesserungswürdige Situation dar, wie zum Beispiel eine Straße, in der überall Müll herumliegt. Auf der rechten Seite stellen sie die gleiche Situation in einer wünschenswerten Zukunft dar, zum Beispiel eine saubere Straße, in der die Menschen ihren Müll in bereitstehende Abfalleimer werfen.

▶ Auf die untere Hälfte der Seite schreiben die Kinder einen erläuternden Text, der die Menschen zum Helfen oder Spenden aufruft.

So geht es:

1 Falten Sie ein Blatt Papier im A3-Format zu Vierteln und falten Sie es dann wieder auseinander.

2 Falten Sie es der Länge nach auf die Hälfte und schneiden Sie wie abgebildet im oberen Teil der beiden unteren Felder eine Klappe ein.

3 Falten Sie das Blatt auseinander. Falten Sie die obere Hälfte hinter die untere. Falten Sie es zu einer Karte.

Weitere Ideen

Versteckte Überraschungen

Mit dieser Klappentechnik kann man auch ein Rätselbuch mit Frage und Antwort gestalten. Oder die Kinder gestalten einen Urlaubsprospekt und verstecken hinter den Türen besondere Attraktionen, wie zum Beispiel einen Abenteuerspielplatz oder ein Freizeitbad.

Tipp zur Gestaltung

In kleinen Gruppen können die Kinder den Umgang mit dem Cuttermesser üben und die Klappen selbst einschneiden.

22. Tagebuch

9–10 Jahre

Ziel: Ein Tagebuch in ein Buch mit eigenem Verschluss schreiben.

Vorbereitung: Ich habe die Blätter gefaltet und eingeschnitten, die Kinder haben daraus die Bücher gefaltet. Ich habe die Papierverschlüsse zugeschnitten und die Schlitze gemacht, die Kinder haben die Papierstreifen durch die Schlitze gewoben.

Viermal zwei Stunden.

Tipps zur Durchführung

- Klären Sie mit den Kindern, was „in der ersten Person schreiben" bedeutet.

- Suchen Sie eine Geschichte aus und überlegen gemeinsam, welche Veränderungen nötig wären, wenn man daraus ein Tagebuch der Hauptfigur machen wollte.

- Lassen Sie die Kinder ein Tagebuch aus der Perspektive einer anderen Person, eines Tieres oder eines Gegenstandes schreiben.

- Als Anregung für die Kinder, was sie in das Tagebuch schreiben könnten, lassen Sie sie Listen von Sachen aufstellen, die Leute tun, von Sachen, die schiefgehen, oder von Leuten, die plötzlich auftauchen können. Aus diesen Listen lässt sich dann eine Handlung zusammenbauen.

- Für jeden Tag von Montag bis Samstag gibt es in dem Buch eine Doppelseite. Die letzte, einzelne Seite ist für den Sonntag. Jede linke Seite ließe sich in Abschnitte für Vormittag, Nachmittag und Abend oder Nacht einteilen. Die rechten Seiten werden illustriert.

So geht es:

1 Falten Sie ein A2-Blatt in der Breite auf die Hälfte. Falten Sie das Blatt auseinander, dann falten Sie die rechte und die linke Kante zur Mitte. Falten Sie das Blatt auseinander, drehen Sie es um und wiederholen Sie die Faltvorgänge im Längsformat.

2 Das Blatt ist nun in 16 Felder unterteilt. Breiten Sie das Blatt im Querformat aus und machen Sie wie abgebildet drei Einschnitte durch jeweils drei der Felder.

3 Beginnen Sie in der linken oberen Ecke. Falten Sie die Felder wie eine Ziehharmonika. An den Ecken machen Sie im selben Rhythmus weiter.

4 Es entsteht ein 16-seitiges Buch.

5 Schneiden Sie vom kurzen Rand eines A2-Blattes einen Streifen ab.

6 Spreizen Sie die erste und die letzte Buchseite von den anderen Seiten ab. Legen Sie das Buch so auf den Tisch, dass auf der einen Seite die beiden Buchdeckel übereinander liegen und auf der anderen Seite die restlichen Seiten. Schneiden Sie zwei Schlitze in die Buchdeckel, die etwas breiter sind als der Papierstreifen.

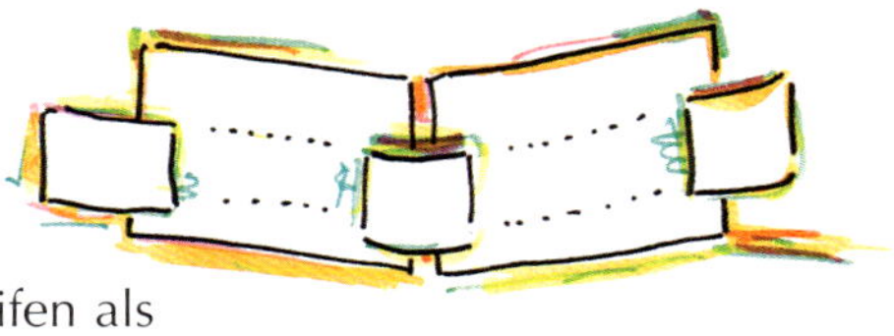

7 Weben Sie den Papierstreifen als Buchrücken durch die Schlitze.

8 Schließen Sie das Buch. Schieben Sie die überstehenden Stücke des Papierstreifens als Verschlusslaschen in die Schlitze.

Andere Verschlussarten

An Stelle von Papierstreifen können Sie auch Schmuckbänder verwenden, die Sie vorne zur Schleife binden.

Zwei miteinander verflochtene Papierstreifen ergeben einen dekorativen Verschluss.

Weitere Ideen

Persönliches Tagebuch

Statt Fantasiefiguren berichten zu lassen, könnten die Kinder selbst Tagebuch führen. Gab es besonders schöne oder nicht so schöne Ereignisse am Tag? Welche Hobbys oder Interessen haben sie und welches sind ihre Lieblingsfächer in der Schule?

23. Kofferbuch

9–10 Jahre

Ziel: Ein Ferienabenteuer in einem kofferförmigen Buch schildern.

Vorbereitung: Die Kinder haben die Leporelloseiten zugeschnitten und gefaltet, während ich für die Bucheinbände zuständig war.

Dreimal zwei Stunden.

Tipps zur Durchführung

- Die Kinder können zum Beispiel eine Geschichte über einen Urlaub schreiben, in dem alles schiefgeht. Überlegen Sie gemeinsam, was sich wo ereignen könnte. Beziehen Sie die Vorbereitungen, die Anreise, die Ankunft und so weiter mit ein.
- Sprechen Sie darüber, was eine gute Handlung ausmacht (zum Beispiel Höhepunkte und Auflösungen) und wie man Figuren glaubwürdig gestaltet. Die Kinder beginnen mit einem ersten Satz, der das Interesse der Leser weckt, und planen dann für jede Seite mindestens zwei Katastrophen ein.
- Das Buch kann beliebig viele Seiten umfassen.
- Die Kinder können ihren Namen auf den Gepäckanhänger des Kofferbuches schreiben.

So geht es:

1 Falten Sie ein Leporello-Buch aus A3-Papier (siehe „Bilderalbum“, Seite 40).

2 Schneiden Sie einen Streifen dünnen Karton zu, der etwas höher ist als die Seiten des Leporellos und an beiden Seiten 1 cm übersteht.

3 Falten Sie den linken Rand mit 1 cm Abstand auf den rechten Rand. Falten Sie den Streifen auf. Falten Sie den rechten Rand mit 1 cm Abstand auf den linken Rand.

4 Falten Sie die beiden Seitenteile nach vorn, so dass ein Bucheinband mit Buchrücken entsteht.

5 Kleben Sie die erste und die letzte Seite des Leporellos von innen gegen den Bucheinband.

6 Schneiden Sie aus dünnem Karton zwei Griffe zu. Kleben Sie sie von innen gegen die Buchdeckel. Schneiden Sie einen Gepäckanhänger zu und binden Sie ihn mit einem Stück Schnur an die Griffe.

9–10 Jahre

24. Leporello-Buch quer

Ziel: Ein Leporello-Buch für eine Geschichte mit detaillierten Illustrationen basteln.

Vorbereitung: Ich habe die Leporelloseiten vorbereitet und die Kinder haben den Bucheinband zugeschnitten und gestaltet.

Viermal zwei Stunden.

So geht es:

1 Schneiden Sie ein A2-Blatt der Breite nach in vier Streifen.

2 Falten Sie am rechten Rand eines jeden Streifens eine 1 cm breite Lasche um. Falten Sie jeweils den linken Rand auf den Falz und falten Sie die Streifen wieder auseinander.

3 Kleben Sie die Lasche des ersten Streifens hinter den linken Rand des zweiten Streifens und so weiter, bis alle vier Streifen aneinandergeklebt sind.

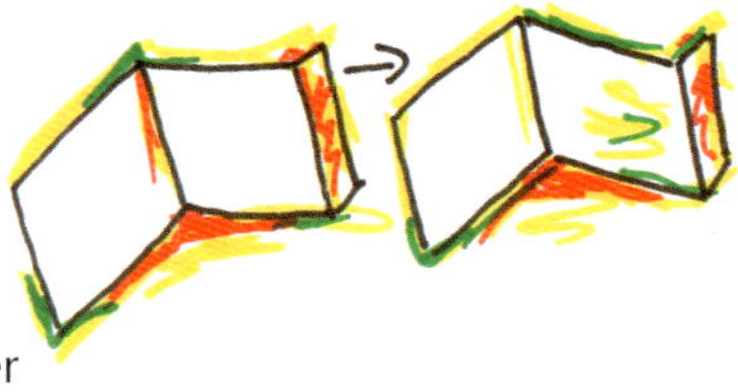

4 Falten Sie nach der Anleitung des Kofferbuches auf Seite 48 (Schritte 2 bis 5) einen Einband.

Tipps zur Durchführung

▶ Die querformatigen Seiten dieses Buches bieten viel Platz für detaillierte Illustrationen.

▶ Erzählen Sie den Kindern den Anfang einer Geschichte, die zum Beschreiben vieler Details anregt, zum Beispiel: „Max wohnte in der Nähe eines Spielzeuggeschäftes. Dort konnte man die besten Spielsachen der Welt kaufen ...". Die Kinder überlegen, wie es weitergehen könnte und setzen die Geschichte dann fort.

▶ Die Kinder können ein Storyboard für ihre Geschichte vorbereiten (siehe „Falt-Bilderbuch", Seite 13), bevor sie in ihr Buch malen.

▶ Regen Sie die Kinder dazu an, jedem Bild nach und nach immer mehr Einzelheiten hinzuzufügen, bis es selbst eine Geschichte erzählt. So könnten sie zum Beispiel eine Reihe von Geschäften aufmalen, dann an jede Tür ein Schild malen, die Fenster mit Gegenständen füllen, Leute in die Fenster der oberen Etagen und Plakate an die Hauswände zeichnen.

▶ Dann können die Kinder beginnen, die Geschichte in Worten zu schreiben. Dabei schmükken sie die stichwortartigen Notizen des Storyboards so aus, dass ein klareres Bild entsteht. Fügen Sie weitere Buchseiten hinzu, bis die Geschichte zu Ende erzählt ist.

25. Buch der Türen

9–10 Jahre

Ziel: Einen Sammelband zusammenstellen, in dem alle Segmente durch Türen miteinander verbunden sind.

Vorbereitung: Ich habe für jedes Kind ein Türsegment vorbereitet und Blätter fürs Schreiben und Zeichnen zugeschnitten.

2 Doppelstunden.

Tipps zur Durchführung

▶ Als Einstieg können Sie mit den Kindern den Abschnitt aus dem Buch „Der Hobbit" von JRR Tolkien lesen, in dem Bilbo Beutlins Zuhause und seine Tür beschrieben werden. Sagen Sie den Kindern, dass sie Türen und was dahinter liegt mit derselben Detailtreue gestalten und beschreiben werden.

▶ Zeigen Sie den Kindern Bilder von Türen und überlegen Sie gemeinsam, welche Räume sich dahinter befinden könnten. Sagt das Aussehen einer Tür etwas über den Raum, der dahinter liegt? Wie würden sie die Tür beschreiben?

▶ Regen Sie die Kinder dazu an, in einer Geschichte von dem Ort hinter der Tür zu erzählen. Die Kinder schreiben die Geschichte auf ein quergelegtes Blatt Papier (etwas kleiner als A4) und kleben es auf die linke Innenseite ihres Segments. Sie bemalen Tür und Wand auf der rechten Seite. Auf einem zusätzlichen Blatt, das ebenfalls etwas kleiner als die Seite ist, malen die Kinder das Zimmer hinter der Tür (dieses Blatt wird später festgeklebt). Den Rest des Zimmers malen sie auf die Rückseite der Tür.

So geht es:

1 Für jedes Segment schneiden Sie ein Blatt A2-Papier der Länge nach in zwei Hälften. Falten Sie einen der beiden entstandenen Papierstreifen in der Breite auf die Hälfte und dann wieder auseinander. Schneiden Sie eine Tür in die Mitte des rechten Feldes.

2 Kleben Sie den Zimmerblick jeweils auf die Vorderseite der nächsten Doppelseite. Schneiden Sie als Verbindung zwischen den Doppelseiten jeweils einen passenden Papierstreifen zu, falten Sie ihn der Länge nach und kleben ihn zwischen die einzelnen Segmente. Die letzte Doppelseite kleben Sie an ein leeres Blatt.

Weitere Ideen

Noch mehr interessante Türen

Die Kinder könnten sich alle möglichen kunstvoll gestalteten Türen mit dekorativen Schlüssellöchern, Klappen als Briefkastenschlitze, Türklopfern oder Schildern ausdenken.

Ein Leporello-Buch der Türen

Diese Buchform eignet sich wunderbar für ein Traumhaus. Die Kinder beschreiben das Zimmer auf der linken Seite und malen es dann so, wie man es durch die offene Tür sieht. Falls nötig, fügen Sie weitere Leporello-Seiten hinzu.

1 Falten Sie einen Papierstreifen nach Leporelloart in vier Felder. Schneiden Sie in das zweite und das vierte Feld eine Tür.

2 Kleben Sie die zweite und die dritte Seite mit den Rückseiten aneinander.

3 Kleben Sie ein Blatt Papier hinter die vierte Seite. Wenn das Buch weitergehen soll, kleben Sie die vierte Seite an die Vorderseite des nächsten Leporellostreifens.

Tipp zur Gestaltung

Wenn Sie die Türen in die entsprechenden Felder einschneiden, richten Sie sie so aus, dass sie im ganzen Buch an derselben Stelle sind.

26. BLÄTTER IN DER KLEMME

9–10 Jahre

Ziel: Ein Buch mit losen Seiten planen, schreiben und illustrieren.

Vorbereitung: Ich habe für jedes Kind einen Einband vorbereitet und Seiten in der passenden Größe zugeschnitten. Die Kinder haben die Seiten in ihren Büchern befestigt.

Dreimal zwei Stunden.

Tipps zur Durchführung

- Dieses Buch eignet sich zum Beispiel für Sachbücher, bei denen die Reihenfolge der Seiten variabel ist.

- Ein oder zwei Wochen vor dem Projekt sollten sich die Kinder für ein Thema für ihr Buch entscheiden. Sie können zu Hause Material dazu sammeln, zum Beispiel eine Bücherauswahl zur Pflege von Kaninchen.

- Sprechen Sie über Gestaltungselemente in Sachbüchern, die dem Leser helfen sich zu orientieren, zum Beispiel Kästen, Aufzählungszeichen, Überschriften und verschiedenen Schriftarten und -größen. Sehen Sie sich an, wie Sachbücher aufgebaut sind, mit einem Inhaltsverzeichnis am Anfang und einem Glossar und Index am Schluss.

- Wenn die Kinder ihre Bücher planen, sollten sie Platz für Seitenüberschriften, Diagramme und Zeichnungen lassen.

- Fertige Seiten können in der passenden Reihenfolge sortiert und durchgesehen werden. Seiten, die nicht so gut sind wie der Rest, können noch einmal überarbeitet werden.

- Wenn der Text fertig ist, können die Kinder ihn noch einmal durchlesen und Begriffe auflisten, die in das Glossar und den Index aufgenommen werden sollen.

So wird der Bucheinband gemacht:

1 Falten Sie einen Bogen A2-Papier der Länge nach auf die Hälfte.

2 Dann falten Sie das Papier in der Breite auf die Hälfte.

3 Für den Buchrücken falten Sie wie abgebildet von der Mittellinie aus einen 4 cm breiten Rand um.

4 Falten Sie den Buchrücken auf die Hälfte, indem Sie den Mittelfalz auf den Randfalz legen. Dann falten Sie den Papierstreifen auseinander.

5 Ziehen Sie den Buchrücken auseinander und falten Sie die Felder wie abgebildet zur Ziehharmonika.

BLÄTTER IN DER KLEMME

So werden die Buchseiten befestigt:

1 Kürzen Sie ein A4-Blatt an einem schmalen Ende um 4 cm. Wiederholen Sie diesen Schritt mit allen Blättern (oder benutzen Sie ein Schneidegerät).

2 Schieben Sie die Seiten in die Mittelfalte des Buchrückens.

3 Befestigen Sie die Seiten mit Büroklammern am Buchrücken. Die Klammern werden durch die Buchdeckel verdeckt.

Weitere Ideen

Seitenplan

Bei einem so komplexen Buch wie diesem ist es hilfreich, einen Seitenplan aufzustellen, um den Inhalt zu ordnen. Die Kinder notieren die Kapitelüberschriften und geben darunter stichwortartig zu jeder Seite an, was im Text stehen soll. Wenn das Buch Unterüberschriften, Zeichnungen, Diagramme oder Tabellen enthalten soll, werden sie an den entsprechenden Stellen aufgeführt. Wenn die Kinder einen ersten Entwurf ihres Textes anfertigen, können sie sich an ihrem Seitenplan orientieren und sicherstellen, dass die richtigen Informationen an der richtigen Stelle erscheinen.

Tipps zur Gestaltung

- Von Zeit zu Zeit sollten die Kinder ihre Seiten vor sich ausbreiten und die Schlüssigkeit von Schrift und Layout überprüfen.
- Die Kinder sollten Text und Illustrationen in ihrem Buch ausgewogen verteilen.

27. Leporello-Theater

9–10 Jahre

Ziel: Ein Leporello-Buch und ein Pop-up-Theater miteinander kombinieren.

Vorbereitung: Ich habe jeweils für zwei Kinder ein Theater bis zu Schritt 6 vorbereitet. Die Kinder haben das mittlere Bild und das Hintergrundbild zugeschnitten, gefaltet und eingeklebt und die Leporello-Seiten gefaltet und befestigt.

Dreimal zwei Stunden.

Tipps zur Durchführung

▶ Dieses Buch eignet sich für alle Arten von Geschichten. Mit dem Pop-up-Theater können die Kinder den jeweiligen Handlungsort lebendig werden lassen.

▶ Da das Buch sehr aufwändig ist, können es die Kinder in Partnerarbeit gestalten. Dabei gestaltet zum Beispiel das erste Kind das mittlere Bild, während das zweite Kind den Hintergrund malt. Diese Bilder werden in das Theater geklebt. Beim Leporello können sie sich beim Schreiben und Illustrieren abwechseln.

So wird das Theater gemacht:

1 Halbieren Sie ein A3-Blatt der Länge nach. Falten Sie bei einem Streifen den rechten Rand 1 cm breit um.

2 Falten Sie den linken Rand auf den rechten Falz und falten Sie den Streifen auseinander.

3 Falten Sie den rechten Falz so zur Mitte, dass ein 4 cm breites Feld entsteht.

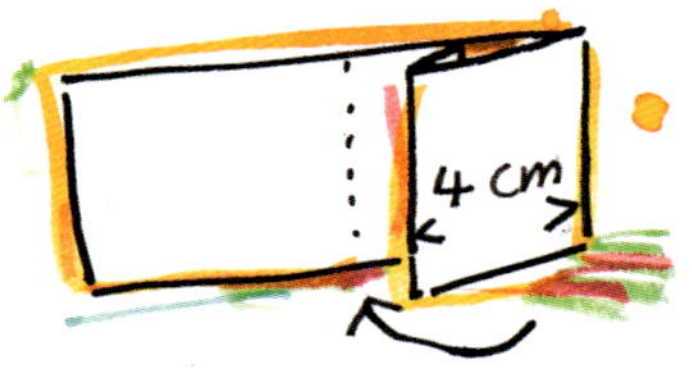

4 Falten Sie den linken Rand so, dass er an das 4 cm breite Feld stößt.

5 Schneiden Sie ein großes Fenster in das linke Feld. Ein Kind bemalt den Rahmen und die Hinterwand (Feld A).

6 Schneiden Sie als Mittelwand einen Papierstreifen zu, der ebenso hoch wie das Theater und 2 cm breiter ist. Falten Sie an jeder Seite einen 1 cm breiten Rand als Klebelaschen um. Nun werden die Landschaftsumrisse in die Oberkante geschnitten und die Mittelwand bemalt.

7 Kleben Sie die Mittelwand vor die Hinterwand, indem Sie die Laschen auf die 4 cm breiten Seitenwände kleben. Kleben Sie dann den Rahmen auf die Klebelasche am rechten Rand.

9–10 Jahre

LEPORELLO-THEATER

So wird das Leporello gemacht:

1 Falten Sie den anderen Papierstreifen wie in den Schritten 1 und 2 beschrieben.

2 Kleben Sie den Rand an die rechte Seitenwand des Theaters.

3 Fügen Sie mit dem 1 cm breiten Rand als Klebelasche so viele Leporellostreifen wie nötig an.

4 Das Theater und die Buchseiten lassen sich flach zusammenfalten.

Weitere Ideen

Einfaches Theater

Man kann die Konstruktion des Theaters dadurch vereinfachen, dass man das Bild in der Mitte weglässt und der Betrachter im Fenster stattdessen das Bild auf der Rückwand sieht.

Tipps zur Gestaltung

- Das mittlere Bild sollte nicht zu hoch sein, damit das Bild auf der Theaterrückwand nicht verdeckt wird.
- Die Vorderfront des Theaters und das mittlere Bild kommen besonders gut zur Geltung, wenn sie in kontrastierenden Farben gestaltet werden.

28. Pop-up-Flyer

9–10 Jahre

Ziel: Einen Flyer mit einem Pop-up-Buch konstruieren und damit ein Buch bewerben.

Vorbereitung: Bis zu Schritt 3 habe ich für jedes Kind einen Flyer geschnitten und gefaltet. Die Kinder haben die Pop-up-Elemente nach vorn gefaltet.

2 Stunden.

Tipps zur Durchführung

▶ Diskutieren Sie mit den Kindern über Werbung und besprechen Sie anhand von Beispielen die Wirkung bestimmter Redewendungen und Vergleiche.

▶ Sprechen Sie mit den Kindern über verschiedene Möglichkeiten, Werbung für Bücher zu machen. Was würde Leute dazu bringen, ihre Bücher zu lesen? Was ist besonders interessant daran? Was ist besonders interessant am Autor?

▶ Die Außenseite des Flyers können die Kinder mit auffallenden Bildern gestalten. Auf der Innenseite drücken sie das Pop-up-Element flach und malen darauf den Einband des Buches, für das sie Werbung machen wollen. Den Rest des Platzes nutzen sie für Beschreibungen des Buches und des Autors.

So geht es:

1 Falten Sie ein A3-Blatt der Breite nach auf die Hälfte und dann wieder auseinander.

2 Mit dem Blatt im Hochformat zeichnen Sie mit Bleistift und Lineal eine Mittellinie.

3 Machen Sie zwei parallele Einschnitte in das untere Feld, etwa 5 cm vom linken Rand entfernt bis 5 cm über die vertikale Linie hinaus.

4 Falten Sie die obere Hälfte hinter die untere Hälfte.

5 Falten Sie jede Seite des eingeschnittenen Feldes gegen ein Lineal.

6 Schließen Sie das Buch. (Das eingeschnittene Feld streichen Sie zur offenen Kante hin glatt, um es zu falten.) Öffnen Sie das Buch, um das Pop-up-Element aufzustellen.

29. Pop-up-Haus-Buch

Ziel: Ein vierseitiges Buch mit Pop-up-Gebäuden und -Möbeln gestalten.

Vorbereitung: Im Vorfeld des Projekts bereiteten die Kinder in Kleingruppen das Buch in seiner Grundform vor, so dass ich bei Bedarf einspringen und helfen konnte. Ich habe die Pop-up-Elemente zugeschnitten, während die Kinder sie gefaltet und angeklebt haben.

Sechsmal zwei Stunden.

Tipps zur Durchführung

▶ Das Pop-up-Haus-Buch lässt sich gut mit historischen Themen verbinden. In dem hier abgebildeten Buch erzählt Sarah (10 Jahre) von der Familie eines Tuchmachers, die um das Jahr 1480 in einer Stadt in Deutschland lebt.

▶ Lassen Sie die Kinder mit Hilfe von Sachbüchern und Romanen zum Thema „Mittelalter" recherchieren. Sprechen Sie darüber, wie eine Stadt im Hochmittelalter aufgebaut war, welche Bedeutung Burg und Stadtmauer für die Bewohner hatten und wie der Alltag einer Familie aussah. Können sich die Kinder vorstellen, kein eigenes Zimmer und kaum Spielsachen zu haben? Wie würde ihr Lebensweg aussehen, wenn sie keine Möglichkeit hätten, das Lesen und Schreiben zu lernen?

▶ Lassen Sie die Kinder die Doppelseiten illustrieren und beschriften, bevor sie die Pop-up-Elemente einkleben.

▶ Der Text kann eine Schilderung oder eine Ich-Erzählung aus der Perspektive eines Hausbewohners sein.

So wird das Buch gemacht:

1 Falten und schneiden Sie aus einem A2-Blatt ein Origami-Buch bis zu Arbeitsschritt 6 (siehe Seite 8). Kleben Sie wie abgebildet bei einem der Felder die Ober- und Unterkanten zusammen.

2 Bei dem anderen Feld, das an Ober- und Unterkante geöffnet ist, schneiden Sie den senkrechten Falz durch, so dass zwei getrennte Felder entstehen.

3 Diese beiden getrennten Felder sind die Buchdeckel des Buches.

POP-UP-HAUS-BUCH

9–10 Jahre

So entsteht ein Haus:

1 Kürzen Sie ein A5-Blatt an einem schmalen Ende um 4 cm.

2 Falten Sie es der Länge nach auf die Hälfte. Falten Sie an den langen Kanten jeweils einen 1 cm breiten Rand um und wieder zurück. Lassen Sie die Kinder das Haus bemalen, zum Beispiel wie hier als typisches mittelalterliches Stadthaus, mit Fachwerkgerüst und bleiverglasten Fenstern.

3 Falten Sie das Blatt an der Mittellinie und bestreichen Sie die Ränder von außen mit Kleber.

4 Legen Sie den Mittelfalz auf die seitliche Kante der Doppelseite. Schließen Sie die Doppelseite.

5 Beim Öffnen der Doppelseite springt die Hausecke hervor.

POP-UP-HAUS-BUCH

So entsteht ein Zimmer:

1 Falten Sie ein A5-Blatt diagonal zu einem Dreieck und schneiden Sie den überstehenden Rand ab.

2 Öffnen Sie das Dreieck und schneiden Sie an einem Ende des Falzes ein kleines Dreieck ab.

3 Falten Sie, von der gekürzten Ecke ausgehend, an zwei Kanten des Quadrats einen Rand um. Lassen Sie die Kinder das Quadrat wie einen Zimmerfußboden, zum Beispiel mit Holzdielen, anmalen. Die entsprechenden Buchseiten können als Zimmerwände bemalt werden.

4 Falten Sie das Quadrat an der Diagonalen um und bestreichen Sie die umgefalteten Ränder von außen mit Kleber.

5 Legen Sie das Dreieck mit den offenen Kanten so an die Kanten der rechten Seite, dass der Kleberand an der Unterkante des Buches anliegt. Schließen Sie die Doppelseite.

6 Beim Öffnen der Doppelseite entfaltet sich der Fußboden.

Tipps zur Gestaltung:

- Fertigen Sie Mappen an, in denen die Kinder die Einzelteile der Pop-up-Seiten aufbewahren können.
- Machen Sie Pop-up-Probeläufe mit Papierresten.

POP-UP-HAUS-BUCH

9–10 Jahre

So entstehen Möbel:

1 Schneiden Sie vom schmalen Ende eines A5-Blattes einen Streifen ab, um daraus einen Tisch herzustellen.

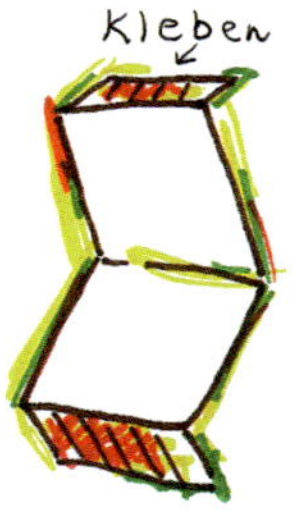

2 Kürzen Sie den Streifen nach Bedarf. Falten Sie den Rest auf die Hälfte. Lassen Sie die Kinder den Tisch bemalen (siehe Foto). Knicken Sie an den Rändern Klebelaschen um, die Sie mit Klebstoff bestreichen.

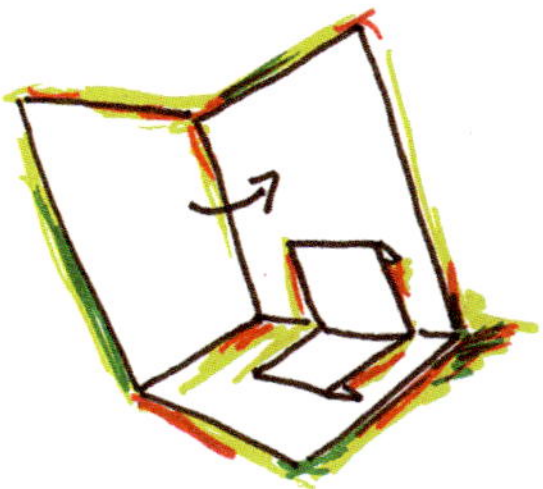

3 Legen Sie das Pop-up-Element so an einer Buchseite an, dass der Mittelfalz auf die Linie zwischen Wand und Decke trifft. Schließen Sie das Buch vorsichtig.

4 Öffnen Sie die Seite und ziehen Sie den Tisch in die richtige Position.

5 Für einen Stuhl oder eine Sitzbank wird ein Papierstreifen in Viertel gefaltet und bemalt.

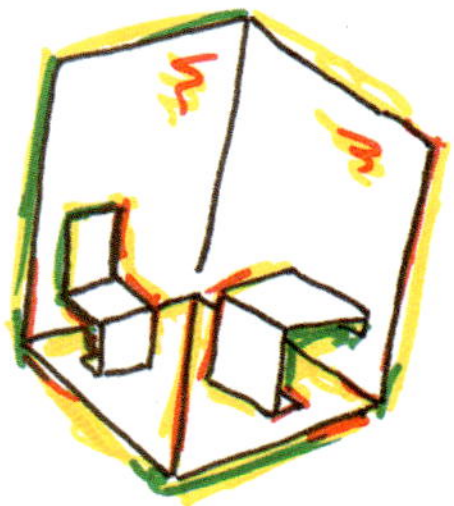

6 Legen Sie den Stuhl an der Stelle an, an der er stehen soll und kleben Sie ihn wie abgebildet fest. Wenn die Kinder mehr Übung mit diesen einfachen Formen haben, können sie sie weiter perfektionieren und zum Beispiel Armlehnen an der Sitzbank anbringen.

So entsteht ein Turm:

Falten und kleben Sie den Turm wie die Hausecke der ersten Doppelseite. Die Oberkante schneiden Sie so zu, dass sie wie zerstörtes Mauerwerk aussieht. In dem abgebildeten Buch hat Sarah einen brennenden Bergfried nach dem Angriff der feindlichen Armee gemalt.

30. Alle meine Bücher

Ziel: Werbung und Kritiken zu selbst geschriebenen Büchern verfassen.

Vorbereitung: Die Kinder haben die Doppelkarte und das Origami-Buch selbst gefaltet.

Zwei Stunden.

Tipps zur Durchführung

▶ Dieses Projekt gibt den Kindern die Möglichkeit, auf Bücher zurückzublicken, die sie selbst angefertigt haben. Die Kinder können sich entweder sechs Bücher (eins pro Seite) oder drei Bücher (eins pro Doppelseite) aussuchen, die sie selbst gebastelt und geschrieben haben und die sie nun in ihrem Mini-Pop-up-Buch besprechen sollen.

▶ Sprechen Sie mit den Kindern als Vorbereitung über Umschläge von Büchern, die sie gerade lesen. Weisen Sie auf den Einsatz von Fragen, verlockenden Zusammenfassungen und Zitaten von Kritikern hin. Die Kinder können diese Anregungen für den Aufbau ihrer eigenen Buchbesprechungen nutzen.

▶ Die erste und die letzte Seite des Pop-up-Buches bleiben leer – sie dienen als Klebeflächen.

▶ Für den Flyer können die Kinder zum Beispiel einen Werbetext und eine Kurzbiographie des Autors verfassen.

So geht es:

1 Falten Sie ein A3-Blatt zu Vierteln und falten Sie es wieder auseinander.

2 Falten Sie das Blatt der Länge nach auf die Hälfte und machen Sie in der unteren Hälfte zwei parallele Einschnitte, 6 cm tief und 10 cm auseinander. Die entstandene Klappe auffalten und zurückfalten.

3 Falten Sie das eingeschnittene Feld auf die Hälfte und wieder zurück.

4 Falten Sie das Blatt zu einer Doppelkarte und ziehen Sie den Einschnitt wie eine Ziehharmonika gefaltet nach vorn.

5 Falten Sie ein Origami-Buch aus A4-Papier (siehe Seite 8).

6 Kleben Sie das Buch zwischen die Pop-up-Falten, so dass es beim Öffnen der Karte nach vorn geschoben wird.

LITERATURTIPPS

Texte schreiben

Bowkett, Steve: Systematisch zu guten Texten: **So schreibst du spannende Geschichten**. Kl. 3–4. Verlag an der Ruhr, 2004. ISBN 3-86072-856-3

Grabe, Astrid/Mucha, Andrea: Schreibhandwerk: **Gute Texte schreiben. Grundtechniken**. Kl. 3–4. Verlag an der Ruhr, 2003. ISBN 3-86072-781-8

Grabe, Astrid/Mucha, Andrea: Schreibhandwerk: **Gute Texte schreiben. Aufbaukurs – Weiterführende Techniken.** Kl. 3–4. Verlag an der Ruhr, 2004. ISBN 3-86072-844-X

Grabe, Astrid/Mucha, Andrea: Schreibhandwerk: **Richtige Textformen finden und üben**. Kl. 3–4. Verlag an der Ruhr, 2002. ISBN 3-86072-814-8

Harrison, Steve/Harrison, Patricia: **Wie soll ich was schreiben?** Sachtexte. Arbeitsblätter mit Überschriften, Satzanfängen und Gliederungshilfen – 1. und 2. Schuljahr. Verlag an der Ruhr, 2002. ISBN 3-86072-688-9

Schön präsentieren

Datz, Margret/Schwabe, Rainer W.: Computerkurs Grundschule: **Wir machen unsere eigene Homepage**. Eine Schritt-für-Schritt-Anleitung für Kinder und Lehrer. Kl. 3–6. Verlag an der Ruhr, 2003. ISBN 3-86072-808-3

Easley, Shirley-Dale/Mitchell, Kay: **Arbeiten mit Portfolios:** Schüler fordern, fördern und fair beurteilen. Kl. 1–13. Verlag an der Ruhr, 2004. ISBN 3-86072-869-5

Merks, Romana/Puy, Alexander: **Erste Bilder und Illustrationen mit Paint**. Kl. 3–6. Verlag an der Ruhr, 2002. ISBN 3-86072-645-5

Merks, Romana/Puy, Alexander: **Erste Texte schreiben und gestalten mit Word**. Verlag an der Ruhr, 2002. ISBN 3-86072-644-7

Montgomery, Diane/Whiteford, Rhona: Tolle Ideen: **Arbeitsergebnisse präsentieren und ausstellen**. 5–11 J. Verlag an der Ruhr, 1996. ISBN 3-86072-254-9

Falten und gestalten

Henry, Sandi: Klar kann ich das! **Schneiden, Knicken, Kleben mit Papier.** 5–10 J. Verlag an der Ruhr, 2001. ISBN 3-86072-620-X

Johnson, Paul: Schneiden, Falten, Gestalten: **Vorlagen für Lernmodelle: Tiere**. Kl. 2–4. Verlag an der Ruhr, 2004. ISBN 3-86072-847-4

Kohl, MaryAnn F.: **Das Kunst-Ideenbuch**: Künstlerische Techniken für Kinder. 6–12 J. Verlag an der Ruhr, 1996. ISBN 3-86072-264-6

Kohl, MaryAnn F.: **Mit Kindern kreativ durchs Jahr**: Ein Kunst-Ideenbuch. 5–10 J. Verlag an der Ruhr, 1998. ISBN 3-86072-331-6

Verlag an der Ruhr
www.verlagruhr.de

So war es im Mittelalter
Eine Werkstatt
Birgit Brandenburg
Kl. 3–4, 71 S., A4, Papph.
ISBN 3-86072-843-1
Best.-Nr. 2843
19,50 € (D)/
20,– € (A)/34,20 CHF

Kleine Kunstprojekte für Kinder
Ausflüge in die Malerei
Birgit Brandenburg
Kl. 3–4, 62 S., A4, Papph.
ISBN 3-86072-818-0
Best.-Nr. 2818
18,50 € (D)/
19,– € (A)/32,40 CHF

Die Deutschland-Werkstatt
Stephanie Cech-Wenning
Kl. 3–5, 78 S., A4, Papph.
ISBN 3-86072-810-5
Best.-Nr. 2810
19,50 € (D)/
20,– € (A)/34,20 CHF

Miró für Kinder
Eine Werkstatt
Elke Schmitt
Kl. 3–4, 60 S., A4, Papph.
(mit vierf. Abb.)
ISBN 3-86072-827-X
Best.-Nr. 2827
18,50 € (D)/
19,– € (A)/32,40 CHF

Fächerübergreifend kreativ lernen

Aber ich kann doch gar nicht malen!
Kunst unterrichten für „Schwarzseher"
Jakobine Wierz
Kl. 1–4, 177 S., 16 x 23 cm, Pb.
ISBN 3-86072-562-9
Best.-Nr. 2562
15,30 € (D)/
15,70 € (A)/26,80 CHF

Schneiden, Falten, Gestalten
Vorlagen für Lernmodelle: Tiere
Paul Johnson
Kl. 2–4, 68 S., A4, Pb.
ISBN 3-86072-847-4
Best.-Nr. 2847
14,80 € (D)/
15,20 € (A)/25,90 CHF

Klar kann ich das!
Schneiden, Knicken, Kleben mit Papier
Sandi Henry
5–10 J., 158 S., A4-quer, Pb.
ISBN 3-86072-620-X
Best.-Nr. 2620
19,60 € (D)/
20,15 € (A)/34,30 CHF

Die Spinnen-Werkstatt
Julia Lange
Kl. 3–4, 57 S., A4, Papph.
ISBN 3-86072-784-2
Best.-Nr. 2784
16,– € (D)/
16,45 € (A)/28,– CHF

Verlag an der Ruhr
Postfach 102251 • D-45422 Mülheim an der Ruhr
Tel.: 0208/495040 • Fax: 0208/4950495
E-Mail: info@verlagruhr.de

Bücher für die pädagogische Praxis

2887_05/04_01

Verlag an der Ruhr

www.verlagruhr.de

Schritt für Schritt sprachlich fit

Fremde Texte verstehen und gute eigene Texte schreiben

Ray Barker, Christine Moorcroft

Schuljahr 1
Kl. 1, 66 S., A4, Papph.
ISBN 3-86072-804-0
Best.-Nr. 2804
18,– € (D)/
18,50 € (A)/31,50 CHF

Schuljahr 2
Kl. 2, 65 S., A4, Papph.
ISBN 3-86072-805-9
Best.-Nr. 2805
18,– € (D)/
18,50 € (A)/31,50 CHF

Schuljahr 3
Kl. 3, 65 S., A4, Papph.
ISBN 3-86072-806-7
Best.-Nr. 2806
18,– € (D)/
18,50 € (A)/31,50 CHF

Schuljahr 4
Kl. 4, 65 S., A4, Papph.
ISBN 3-86072-807-5
Best.-Nr. 2807
18,– € (D)/
18,50 € (A)/31,50 CHF

Schreibhandwerk

Gute Texte schreiben Grundtechniken

Astrid Grabe, Andrea Mucha
Kl. 3–4, 61 S., A4, Papph.
ISBN 3-86072-781-8
Best.-Nr. 2781
17,50 € (D)/
18,– € (A)/30,70 CHF

Schreibhandwerk

Richtige Textformen finden und üben

Astrid Grabe, Andrea Mucha
Kl. 3–4, 63 S., A4, Papph.
ISBN 3-86072-814-8
Best.-Nr. 2814
17,50 € (D)/
18,– € (A)/30,70 CHF

Lese- und Schreibhandwerk

Das Astrid Lindgren-Projekt

Hanne Pries
Kl. 3–4, 74 S., A4, Papph.
ISBN 3-86072-783-4
Best.-Nr. 2783
18,60 € (D)/
19,15 € (A)/32,60 CHF

Lies dich schlau!

Eine Übungskartei zum sinnentnehmenden Lesen

Astrid Grabe
Kl. 2–3, 74 S., A4, Papph.
ISBN 3-86072-707-9
Best.-Nr. 2707
18,60 € (D)/
19,15 € (A)/32,60 CHF

Literatur-Kartei:

„Hexe Lakritze"

Sabine Hajek
Kl. 2–3, 64 S., A4, Papph.
ISBN 3-86072-767-2
Best.-Nr. 2767
18,50 € (D)/
19,– € (A)/ 32,40 CHF

Systematisch zu guten Texten

So schreibst du spannende Geschichten

Klasse 3/4

Steve Bowkett
Kl. 3–4, 64 S., A4, Papph.
ISBN 3-86072-856-3
Best.-Nr. 2856
17,50 € (D)/
18,– € (A)/30,70 CHF

Verlag an der Ruhr
Postfach 102251 • D-45422 Mülheim an der Ruhr
Tel.: 0208/495040 • Fax: 0208/4950495
E-Mail: info@verlagruhr.de

Bücher für die pädagogische Praxis

2887_05/04_02